童心教育

小学心理育人模式的探索与实践

张蕊清　著

华东师范大学出版社
·上海·

图书在版编目(CIP)数据

童心教育:小学心理育人模式的探索与实践/张蕊清著. —上海:华东师范大学出版社,2024. —ISBN 978-7-5760-5574-0

Ⅰ. G444

中国国家版本馆 CIP 数据核字第 2024J3F760 号

童心教育:小学心理育人模式的探索与实践

著　　者　张蕊清
项目编辑　彭呈军
特约审读　冯　春　胡　巧
责任校对　张安迪　时东明
装帧设计　刘怡霖

出版发行　华东师范大学出版社
社　　址　上海市中山北路 3663 号　邮编 200062
网　　址　www.ecnupress.com.cn
电　　话　021-60821666　行政传真 021-62572105
客服电话　021-62865537　门市(邮购)电话 021-62869887
地　　址　上海市中山北路 3663 号华东师范大学校内先锋路口
网　　店　http://hdsdcbs.tmall.com

印 刷 者　上海商务联西印刷有限公司
开　　本　787 毫米×1092 毫米　1/16
印　　张　11.75
字　　数　214 千字
版　　次　2025 年 1 月第 1 版
印　　次　2025 年 1 月第 1 次
书　　号　ISBN 978-7-5760-5574-0
定　　价　58.00 元

出 版 人　王　焰

序 言

在“内卷”时代，如何让孩子的生命舒展，是一个值得教育者深思的问题。对于尚处于小学阶段的儿童来说，呵护童心，使童心繁盛，就是赋予教育以生命和活力。秉持童心教育理念，尊重儿童的成长规律，遵循儿童生命发展的次序，不仅针对儿童的当下，更是对儿童未来生命的关怀。然而，在多年的基础教育教学经历中，我发现了一种现象：成人漠视童心，教育误解童心，社会忽视童心，将童心视为幼稚而无用的存在的情况相当普遍，教育“内卷化”日趋严重，急功近利的教育导致孩子未少先成。受社会多元价值观的影响，教育工作者的追求也变得多元化。世俗的名利观念，以及由此带来的重表面效果、浮躁虚夸等倾向，在慢慢侵蚀着教育的肌体。

童心教育旨在终结儿童的“成人化”倾向，回归儿童本真，保护童心，激发儿童好奇心，促进儿童求知欲，发掘儿童创造力，营造儿童世界，把对儿童的教育工作转到“童心为本”上来，让每一位儿童快乐学习、积极成长。童心教育理念的提出，在于敬畏儿童成长的规律，也是学校品质提升、内涵发展的自我要求。我曾任职的上海市浦东新区育童小学长期致力于“童心教育”的探索与实践。针对小学童心课程建构不系统、童心课堂建设不力、实施缺乏整体性等问题，为贯彻落实《中小学心理健康教育指导纲要》，以育童小学为主的研究团队倡导教育要回归儿童本体，立足尊重生命规律、维护成长权利、呵护健康成长，历经“酝酿构建—实践探索—完善提高”三个阶段，在自信教育、生命教育、父母效能训练、基于童心的课堂心理环境建设等十余年心理健康教育的特色实践基础上探索童心教育的实现方式和实践模式，为学生的身心健康保驾护航。2022 年，我申报的课题成果“童心教育：小学心理育人的校本实践”荣获上海市优秀教学成果（基础教育类二等奖）。2023 年，我调任至上海市浦明师范学校附属小学（浦师附小）。2024 年，“童心教育”作为优秀成果在浦师附小等多所学校推广应用。浦师附小在新五年发展规划中提出了“融智共生、悦享成长”的办学理念，让学生不仅能获得知识的积累和技能的提升，更能得到心灵的滋养和情感的升华。学校致力于为师生提供一个愉悦的、舒适的、能被人视为“乐园”的童心教育环境，切实有效地开展和落实童心教育。童心教育的推广将带来教育视野的拓展、改革的深入，为孩子们带来更丰富、更深度的教育体验。

本书以上海市优秀教学成果二等奖为基础，通过长期的“童心教育”实践锤炼而成。秉承“童心为本”的教育理念，通过探索儿童童心特点与发展规律，建构童心课程体系，打造基于童心的课堂心理环境、课堂物理环境和课外实践活动，建立童心教育实践机制，以实现“全员全过程全方位”的心理育人，减少急功近利的“内卷化”教育导致儿童的“成人化”倾向，全力打造童心教育。本书完整系统的童心培育体系充分顺应和践行了当前义务教育阶段“双减”教育教学的新形势和新理念，取得了积极的社会效益。

学校教育改革是一个渐进的过程，践行童心教育理念也是一项庞大的工程。童心教育有效带动了学校整体育人模式的改革，为儿童的童心发展和个性成长提供了巨大的空间，在当前我国义务教育阶段“双减”教育教学的进程中具有特别的推广价值。然而，真正的童心繁荣仅依靠学校教育还不够，需要进一步贯彻落实“双减”政策，五育并举，加强家庭、学校和社会三方的联动共育，呵护儿童童心，切实推行童心教育的各项举措，让教育回归本真，助力儿童身心健康。

在整个童心教育项目实施的过程中，得到了课题组老师的鼎力支持与专家的全程指导，由衷感谢每一位教育同仁的无私奉献和持续努力。希望本书对小学教师能有所裨益。

目 录

第四章 | 基于童心的教学课程体系 · 028

第五章 | 基于童心的课堂心理环境 · 055

第一章

最初一念：童心教育的缘起与路径

第一节　童心教育的缘起

一、问题提出

教育要基于儿童，发展儿童。儿童期是智力发展最快的时期，保持童心是6—12岁孩子心理发展的需求。开展童心教育，以儿童的自然天性为起点，呵护和培育儿童的成长之美，对儿童的发展具有特殊的价值和意义。童心是儿童精神的凝结，是孩子本质的升华，是纯真的“最初一念之本心”,更是个体生命展开的精核。童心中蕴藏着个体一生求知、为人、生长的动力和原型。

然而,成人漠视童心、误解童心,社会忽视、扼杀童心,甚至将童心视为幼稚而无用的存在的情况相当普遍,教育“内卷化”严重,急功近利的教育导致孩子未少先成。童心教育旨在终结儿童的“成人化”倾向,回归儿童本真,保护儿童的好奇心、求知欲和创造力,把对儿童的教育工作转到“童心为本”上来。童心教育理念的提出,在于敬畏儿童成长的规律,也是学校品质提升、内涵发展的自我要求,充分顺应和践行了当前义务教育阶段“双减”教育教学的新形势和新理念。

教育应养护童心,让童心繁盛。针对小学童心课程建构不系统、童心课堂建设不力、实施缺乏整体性等问题,为贯彻落实教育部《中小学心理健康教育指导纲要(2012 年修订)》,以上海市浦东新区育童小学为主的研究团队倡导教育要回归儿童本体,立足尊重生命规律、维护成长权利、呵护健康成长,历经“酝酿构建—实践探索—完善提高”三阶段,在自信教育、生命教育、父母效能训练、基于童心的课堂心理环境建设等十余年心理健康教育的特色实践基础上最终形成了本成果,为学生的身心健康保驾护航。

本书中的“童心教育”,是指以童心为本,以“心理育人”为抓手,遵循儿童生命发展的次序,尊重儿童的成长规律,引发儿童好奇心、促进儿童求知欲、发掘儿童创造力,营造儿童世界,让每一位儿童快乐学习、积极成长。本书中的“心理育人”是以童心教育为特色的教育体系,不局限于心理教师个人的工作或者心理条线的工作,而是要发挥学校所有部门、所有教师的作用,全员参与心理健康教育;重视教育教学的各个环节,全过程融入心理健康教育;在学校整体教育体系建设以及家校共育中,全方位渗透心理健康教育,呵护儿童的童心,让童心幸福地蔓延。

二、研究意义

“内卷”时代,如何让孩子的生命舒展,是一个值得教育者深思的问题。生命的舒展在于身心和谐。教育需要回归童心。对于尚处于小学阶段的儿童来说,呵护童心,就是赋予教育以生命和活力。秉持童心教育理念,不仅针对儿童的当下,更是对儿童未来生命的关怀。教育对儿童的影响贯穿其一生。正确认识童心,尊重儿童成长和发展规律,保护童年生态,给予儿童正确的指导,才是真正的善待成长、善待生命。

本书秉承“童心为本”的教育理念，以“全员全过程全方位”的心理育人为着力点，提出并践行具有特色的童心教育理念，系统性地建构了完整的童心教育机制。在实践基础上，深入调研儿童的童心现状与发展趋势，形成以“童心”为主题的“三层四类”课程体系，打造“支持接纳”“公平公正”“自主合作”“守纪有序”的童心课堂心理环境，确立“三视角四等级”的童心课堂评价体系，创建基于童心的课堂物理环境，组织基于童心的课外实践活动，建立“四阶梯”式的童心教育实践机制，整体推进童心教育实践，构建童心教育心理育人的模式。

本书以上海市优秀教学成果二等奖为基础，通过长期的“童心教育”实践锤炼而成。本书完整的童心培育体系充分顺应和践行了当前义务教育阶段“双减”教育教学的新形势和新理念。

第二节　童心教育的路径

一、研究过程

在“酝酿构建—实践探索—完善提高”三个阶段中，研究团队致力于全方位改革和践行童心教育。

第一，酝酿构建(2014—2016 年)。敬畏儿童成长规律，构建儿童幸福童年，童心教育初现雏形。上海市浦东新区育童小学从办学初的“自信教育”到“生命教育”，从关注儿童生命成长，到开展父母效能训练等，为孩子幸福的童年营造良好的家庭环境，优化了课堂教学，提高了教学效益，注重课堂中师生、生生的情感交流，让学生在被尊重、被欣赏、被关心、被挑战、被理解的过程中快乐学习。育童小学于 2014 年被评为上海市中小学心理健康教育示范校，2016 年成为浦东新区家庭教育分中心。学校在传承中不断探索，不断发展，遵循儿童成长发展的规律，始终关注学生的幸福与健康。

第二，实践探索(2017—2020 年)。探索儿童童心现状、影响因素与发展趋势，聚焦童心课程体系和童心课堂心理环境的建构，明确提出童心教育的理念，深化科学心理育人。学校拍摄的微视频《育人育童育心》获评 2017 年浦东新区微视频大赛三等奖；2018 年完成为期四年的区级重点课题“普通小学教师运用心理效应改进课堂教学的实践研究”，获上海市家庭教育示范校荣誉；2019 年启动区级课题“基于童心的课堂心理环境建设的研究”，建构了童心教育的课程体系，并致力于打造童心课堂，建设基于童心的课堂心理环境，确立童心课堂的评价指标；2020 年被评为上海市第四批人文关怀心理疏导示范点等。学校各项工作全力推进，育童智、促童思、激童趣、葆童健，探索童心教育的实现方式。

第三，完善提高(2021—2025 年)。继续完善童心教育理论，推进童心教育实践模式，构建童心教育育人模式。育童小学以“教育好每一位儿童”为办学理念，以“追随童心成长，培育生命力量”为办学目标，以培养“身心健康、基础宽厚、自主自立、特长初露”的学生为育人目标，践行童心教育。2022 年课题成果《童心教育：小学心理育人的校本实践》荣获上海市优秀教学成果(基础教育类二等)；2024 年“童心教育”作为优秀成果在上海市浦明师范学校附属小学等多所学校推广应用。上海市浦明师范学校附属小学在新五年发展规划中提出了“融智共生、悦享成长”的办学理念，让学生不仅能获得知识的积累和技能的提升，更能获得心灵的滋养和情感的升华。学校致力于为师生提供一个愉悦的、舒适的、能被人视为“乐园”的童心教育环境，切实有效地开展和落实童心教育。童心教育的推广将带来教育视野的拓展、改革的深入，为孩子们带来更丰富、更深度的教育体验。

二、研究方法

第一，加强价值引领。通过政策分析与理论研究，以社会主义核心价值观为导向，从传统文化和时代精神中汲取营养，总结童心教育的工作经验，贯穿育人为本的各个步骤。

第二，坚持儿童立场。了解儿童成长的认知和社会性特点以及心理发展规律与需求，遵循儿童生命发展的次序，完善儿童自我发展的动力系统。

第三，应用系统思维。整合育人要素，全程全方位育人。全面系统地整合各门课程与活动、课内与课外、学校与家庭、教师与学生，协同育人，贯彻童心教育的理念。

第四，实行动态修正。在践行和落实童心教育理念的过程中，采用多种方法，经过多次循环往复，使童心教育的实施方案更科学、更合理。

采用文献法，明确童心教育的内涵；通过收集、鉴别、整理和分析关于课堂心理环境构成要素和基于“童心”的课堂心理环境建设目标的文献资料，从而形成对课堂心理环境要素和建设目标的规律性认识。采用问卷调查法对育童小学儿童的童心现状进行实证调查，考

察了解学生的客观情况。采用访谈法和课堂观察法，发现问题、分析原因、增强课题研究的现实意义。采用案例研究法，选定若干位教师定期上研究课，系统地收集数据和资料，进行深入地探究，用以探讨基于童心的课堂心理环境的特征。采用行动研究法，通过计划—实施—观察—调整，不断修正童心教育的实践内容，对反馈信息进行分析、整理、归纳、思考，找出问题所在，完善实施计划，调整研究目标、内容、途径、策略、方法和步骤。采用经验总结法，对童心教育实践研究活动中的具体情况，进行归纳与分析，使之系统化、理论化，并上升为经验。

第二章

童心教育：心理育人的实践

第一节　心理育人的实现路径

立德树人是学校教育的根本任务。心理育人是立德树人的重要一环。当前，我国中小学较为明确地形成了以育心为前提、育德为目标的育人体系。2023 年 4 月，教育部等十七部门联合印发的《全面加强和改进新时代学生心理健康工作专项行动计划（2023—2025 年）》提出，要通过五育并举促进心理健康，强调以德育心、以智慧心、以体强心、以美润心、以劳健心。童心教育也为学校实施心理育人策略、建构心理育人模式提供了方向和支持。

在小学教育阶段，童心教育是落实立德树人根本任务、实现心理育人的重要途径。学校进行心理育人的核心目标在于依托积极的心理引导和教育活动，保护儿童的童心，发展儿童的好奇心、求知欲和创造力。结合丰富多样的文化活动与符合儿童心理特点的教学策略等，营造健康和谐的校园文化环境，在潜移默化中实现以文化人、以文育人的心理育人目标。

保持童心是小学儿童心理发展的需求。开展和实行童心教育，对儿童的成长和发展具有重要的作用与意义。童心教育并不是把童心教给学生，而是要尊重和认可学生原有的宝贵的童心，帮助其永葆童心。童心教育关注儿童的成长，追求"人的发展"，倡导全时程、全方位的儿童童心教育。让儿童回归童心，回归儿童世界，关注儿童心灵和精神的成长构建，尊重儿童天真、纯朴、活泼的生命自然状态，依归童心，创造一个充满爱，富有童趣、自由、和谐的教育环境，把幸福的童年还给儿童，使小学阶段成为儿童的一段美好的人生经历。

陶西平在《童心教育的魅力》一文中说，在这个时代，不单孩子们需要童心，我们所有人，包括老年人都需要保持一颗童心。保持童心，一是要有童真。要天真、纯朴、真挚；有真情，说真话，办真事。陶行知先生曾说："千教万教，教人求真。"在当下社会中，我们特别需要这样一个"真"字。二是要有童趣。孩子们充满了对世界的热爱，他们的生活乐趣多多；我们成年人也应该始终保持一种乐观的心态，始终充满对生活的挚爱。三是要有童梦。每个孩子都有自己美好的梦想，而每个人不断进步的信心和决心正是推动整个社会不断发展的强大力量。所以，无论是孩子，还是我们成人，都需要保持童真、充满童趣、放飞童梦。这是这个时代所有人之所需。童心教育的最终目的是使我们的孩子长大成年后，仍然能够保持这颗童心。因此，我们的教育应该给孩子们一个广阔的空间，而绝不应成为拴住孩子童真、童趣、童梦的缰绳。这是我们需要童心教育的重要原因。

第二节　童心教育的实施现状

早在春秋时期，道家始祖老子在《道德经》中提到，"含德之厚，比于赤子"，"常德不离，复归于婴儿"，"载营魄抱一，能无离乎？专气致柔，能如婴儿乎？涤除玄鉴，能无疵乎？"，老子把像婴儿一样的肉体与精神高度自然和谐的境界，作为修身的目标。其后庄子提出"心斋虚静,去除成心”的理论,也蕴含着童心的本质。明代思想家李贽提出“童心说”。李贽云:“夫童心者,绝假纯真,最初一念之本心也。”又云:“童子者,人之初也;童心者,心之初也。”意为:童心是人们真情实感的流露,是天性,是真情实感。保持童心,就是要人们返璞归真,回归自然,而不要矫揉造作,更不能虚情假意。李贽充分肯定了人的自然属性,追求生命个体意识的觉醒,追求生命个体的独立自由。

现代画家、散文家丰子恺尤其以“童心崇拜”著称,认为儿童时代是“黄金时代”。其在《做人得有点“童心”》一文中说:“世间教育儿童的人,父母、老师,切不可斥儿童的痴呆,切不可把儿童大人化,宁可保留、培养他们的一点痴呆,直到成人以后。因为这痴呆就是童心。童心,在大人就是一种‘趣味’。培养童心,就是涵养趣味。小孩子的生活,全是趣味本位的生活。”

首都师范大学附属小学在借鉴中外先进教育理念的基础上提出了属于自己的教育哲学——童心教育,其要义是“葆童真,激童趣”,旨在终结儿童成人化倾向,把对儿童的教育工作转到“童心为本”上来。童心教育的提出,在于敬畏儿童成长的规律,是学校品质提升、内涵发展的自我要求。首师大附小通过制度建设、课程设计以及教师发展等方式,让“童心教育”理念落地。

教育家诺尔特的一段话发人深省:“如果孩子生活在批评里,他将学会谴责;如果孩子生活在政变里,他将学会暴力;如果孩子生活在嘲讽里,他将学会害羞;如果孩子生活在羞耻里,他将学到罪恶感;如果孩子生活在鼓励中,他将学会自信;如果孩子生活在赞美里,他将学会欣赏;如果孩子生活在公平里,他将学会办事公正;如果孩子生活在友谊里,他将学会爱这个世界……”学校是学生赖以生长和发展,并不断走向社会化的“土壤”。有研究显示,学校积极的心理环境可以有力促进学生的全面健康发展,有助于提高学生的认知能力,激发积极的情绪,养成良好的行为习惯,显著减少学生的消极情绪与问题行为,并提升学生对学校的满意度。

然而,现在受社会多元价值观的影响,教育工作者的追求也变得多元化。世俗的名利观念,以及由此带来的重表面效果、浮躁虚夸等倾向,在慢慢侵蚀着教育的肌体。童心缺失,教育不能创造适宜的环境,重分数轻能力、重智轻德的现象依然存在。有许多学生学习的心理负担过重,缺乏学习兴趣和学习动力,甚至出现厌学、逃学等问题,这与我们的课堂心理环境有很大的关系。我们的教育注重的是知识的学习,而轻视心理环境的营造,往往缺乏一种宽松、安全、和谐、愉悦的心理环境。

2014 年，北京师范大学首创的“义务教育阶段学校积极心理环境指数”，首次向社会公布了对我国中小学校积极心理环境质量的“体检结果”，并率先提出设立“学校心理环境预警线”。该指数以科技部基础工作重点专项“中国儿童青少年心理发育特征调查”建立的全国代表性数据库为依托，以其中来自全国 31 个省市自治区 100 个区县 600 多所学校的 7 万多名中小学生对于学校学习、人际交往、活动的报告为基础，第一次客观反映了全国小学和初中学生对学校环境的直接感受，揭示了义务教育阶段全国中小学校心理环境存在巨大的校际、区域和城乡差异。研究表明，不同地区、城乡、学校之间在软环境质量上差异巨大，约 11％的中小学校心理软环境处于“心理环境预警线”之下，在学校纪律秩序管理、师生关系、同学关系、学生自主发展等软环境指标上存在一些突出问题，需要得到高度重视并及时督导改进。

反思我们的学校教育，会发现或多或少存在一些问题，例如，学校教育缺少对童心的关注。虽然国内外研究者提出关于童心的论述，呼吁教育要关注童心，要回归童心，但多限于经验的推断和现象的描述，缺乏对童心的内涵的深入实证性研究，缺少落实童心教育的整体性实施方案，缺少对课堂教学心理环境建设的系统性设计。教师不够重视师生关系、师生互动对学生积极学习心理品质培养的价值，不太注重调动学生的积极情绪，尤其对学习困难的学生存在低期望，等等。因此，本书具有重要的理论与实践价值，基于教育的本质和儿童童心特点与发展规律，对童心教育的心理育人模式进行全面深入的研究。

第三节　儿童童心的构成要素

根据儿童心理学家皮亚杰的认知发展理论，7 岁左右，儿童进入具体运算阶段。这一年龄段儿童的思维更具逻辑性，开始使用“心理运算”来解决具体的实际问题，能够多方面地综合思考问题，更好地理解空间概念、因果关系、分类、归纳与演绎推理、守恒以及数概念，语言能力、加工和保存信息的能力稳步提高(Papalia, Olds, & Feldman, 2013)。相比于前运算阶段，儿童从呆板、非逻辑的思维转向灵活、逻辑的思维，既依赖于神经系统的发育，也依赖于在适应环境过程中获得的经验。在心理社会性发展方面，随着儿童交往对象的增多，接触的观点也更加多样化，他们开始放弃单一、绝对的是非观，发展出自己特有的、建立在公正或平等对待所有人基础上的正义感，能够从多方面考虑问题，因此也能做出更复杂、更精细的判断。同时，认知的发展有助于儿童形成更复杂的自我概念，并获得理解和控制情绪的能力。

学校教育是儿童的一种主要的成长经历，影响着他们发展的各个方面。在学校中，儿童获得知识、技能和社会能力，提升自己的体质和心智，并为成年后的生活做准备。早期的学校教育经验是个体未来成功与否的关键。针对这个年龄阶段的儿童，应促进以“发现”为基础的教育。儿童先天具有追问的灵魂，当他们自己去探索环境和事物、参与到情景中去时，他们学得最好，这能够让他们自己建构新的知识。皮亚杰认为应该让儿童自己探索教具，让他们能够在“做中学”。而学校和教师的任务就是尊重儿童身心发展规律，让好奇的孩子在自己发现知识的过程中获得内在的满足感。

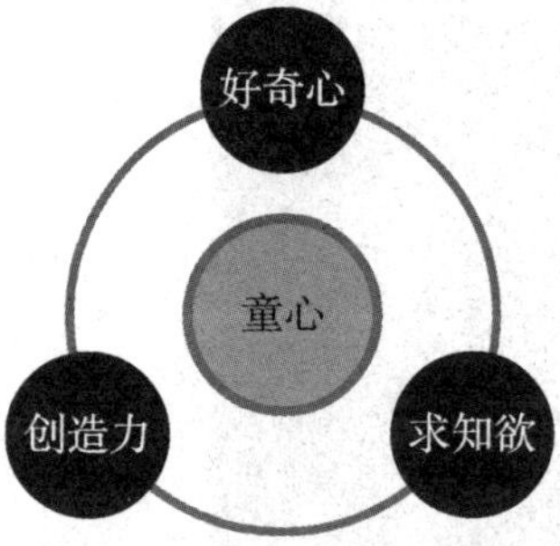

图 2-1　儿童童心的构成要素

因此，在教育实践的经验基础上，学校明确提出了童心教育的理念：以童心为本，以“心理育人”为抓手，遵循儿童生命发展的次序，尊重儿童的成长规律，引发儿童好奇心、促进儿童求知欲、发掘儿童创造力，营造儿童世界，让每一位儿童快乐学习、积极成长。童心是指儿童的心理，是儿童的内心世界；是童真，如对事物的好奇心；是童趣，如对玩耍充满兴趣，对学习充满兴趣，如求知欲；是童性，儿童本身所具有的能力，如创造力。小学儿童的童心主要通过儿童的**好奇心、求知欲和创造力**三个指标进行反映，如图 2-1 所示。

第三章

儿童童心现状与发展趋势

在文献法的基础上，采用问卷调查法，通过对小学儿童的童心现状与发展趋势进行考察，为建设基于童心的课堂心理环境奠定初步的基础。本次调查时间是 2019 年 9 月，选取育童小学 900 名小学生作为样本，具体样本的分布情况如表 3－1 所示。

表 3－1　育童小学儿童抽样分布情况

	数量	比例
性别		
男	488	54.2%
女	412	45.8%

续　表

	数量	比例
年级		
一年级	197	21.9%
二年级	195	21.7%
三年级	164	18.2%
四年级	184	20.4%
五年级	160	17.8%
是否独生子女		
是	509	56.6%
否	391	43.4%

第一节　好奇心的现状与发展趋势

爱因斯坦认为“好奇心是科学工作者产生无穷的毅力和耐心的源泉”。在心理学中，好奇心是个体遇到新奇事物或处在新的外界条件下所产生的注意、操作、提问的心理倾向，它是个体学习的内在动机之一，是个体寻求知识的动力，是创造性人才的重要特征。

好奇心是个体学习的内在动机之一。动机涉及人类行为的基本源泉、动力和原因，反映人类行为的主动性特征。从个体动机的自发性与目的性看，动机有内在动机与外在动机之分。外在动机由活动之外的目标或奖赏引起，如幼儿对学习活动本身不感兴趣，但是为了赢得父母老师的表扬与奖励而进行学习。内在动机则是“一种不依赖外在报偿便能促成某种行为的东西”。布鲁纳主张在教学中应激发幼儿的内在动机，使幼儿在学习实践中感到愉快。在他看来，个体学习的内在动机之一即是好奇心。

好奇心是个体寻求知识的动力。学习是由经验或者练习引起的个体在能力或倾向方面的持久变化及其获得这种变化的过程。学习是知情交融的过程。研究学习过程本身离不开对教学过程的探讨。教学活动虽然以传递认知信息为中介，却离不开教学活动中教师、幼儿以及认知信息中的情感因素。这可以从我国古代的教育思想以及西方教育思想中窥见一斑。如春秋时期的孔子对于治学三种境界的见解，就把好学、乐学作为学习活动的理想境界。明代王守仁认为学习中的愉快情绪体验对于儿童来讲，其重要性犹如时雨春风之于花草树木之生长。捷克大教育家夸美纽斯在他的《大教学论》中也指出："应该用一切可能的方式把孩子们求知与求学的欲望激发起来。"法国教育家卢梭指出："好奇心只要有很好的引导，就能成为孩子寻求知识的动力。""问题不在于教他各种学问，而在于培养他有爱好学问的兴趣……这是所有一切良好的教育的一个基本原则。"

好奇心是创造性人才的重要特征。好奇心是创造性人才的重要特征已是不争的事实。爱因斯坦认为自己之所以取得成功，原因在于他具有狂热的好奇心。创造性的培养应该从小抓起，已经成为学者们的共识。人类最初的好奇心来自婴儿的探究反射。观察发现，婴儿一旦发现新奇事物，就会用手触摸，用舌头品尝。到了幼儿期，好奇心更加强烈和明显，他们通过感官、动作、语言来表达自己对周围世界的好奇，这种好奇最初是情景性的，如果受到鼓励与强化，就会变成认知与情感的结合。我国教育家陈鹤琴指出"好奇心对于幼儿之发展，具有莫大作用，幼儿凡对于一切新的东西就产生出好奇心，一好奇就要与新东西相接近"。

美国学者希克森特米哈伊在谈到创造性人才的因素——好奇心的重要性时，也明确提出，"通往创造性的第一步就是好奇心和兴趣的培养"。他认为，好奇心是需要保护的，也许所有的孩子都有好奇心，但好奇心能否保持到成年，在很大程度上依赖于早期生活受到的鼓励。幼儿好奇心很强，这也许与他们知识经验贫乏有关。在他们看来，周围环境中的许多事物都是新奇的，很多都出乎他们的预期，他们想要观察、探索、询问、操作或摆弄这些事物。这些都是好奇心的外在行为表现。如果这些行为能得到更多的鼓励与支持，就会逐渐内化为幼儿的人格特征。相反，如果缺少环境的鼓励与支持，这些行为会逐渐消退，表现为对新奇事物的冷漠、回避等心理倾向，从而不利于创造性人格特征的形成。

本次调查中，运用研究者陶阳(2019)编制的《小学生好奇心问卷》对于育童小学学生的好奇心进行测量，包括 4 个题目，例如，"对我而言，尝试新的游戏和活动，是一件有趣的事"。该问卷采用 5 点评分，其中，1＝完全不符合，5＝完全符合，问卷的一致性信度系数是 0.62。

一、儿童好奇心的基本特征

(一) 儿童好奇心的性别差异

对不同性别儿童的好奇心进行分析,从表 3-2 可知,育童小学的男生在好奇心总分上的平均分为 3.95,女生的平均分为 3.94。统计检验发现,性别差异不显著,统计值为 $t=0.20$,$p>0.05$。

表 3-2　不同性别儿童好奇心水平的平均数差异检验

指标	类别	样本量	平均值	标准差	t
好奇心	男	488	3.95	0.66	0.20
	女	412	3.94	0.64	

(二) 儿童好奇心的年级差异

对不同年级儿童的好奇心进行分析,从表 3-3 可知,育童小学儿童好奇心存在总体的年级差异($F=2.67$,$p<0.05$)。通过事后比较分析(*LSD*)发现,四年级儿童的好奇心得分相对最高。

表 3-3　不同年级儿童好奇心水平的平均数差异检验

指标	类别	样本量	平均值	标准差	F
好奇心	一年级	197	3.88	0.62	2.67*
	二年级	195	4.00	0.68	
	三年级	164	3.89	0.58	
	四年级	184	4.05	0.65	
	五年级	160	3.89	0.68	

注:* 代表显著性 p 小于 0.05。

二、儿童好奇心的发展趋势

从图 3-1 可以看出,儿童的好奇心发展呈现出"M 型",即二年级和四年级时,儿童的好奇心得分相对较高，一年级、三年级和五年级时的好奇心得分较低，这是一个有意思的发现，值得关注。

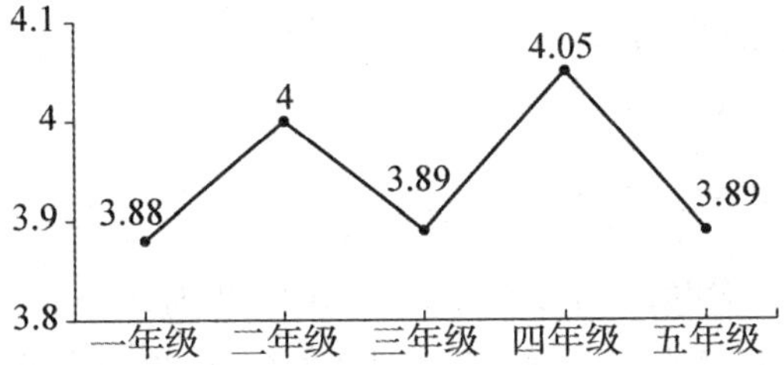

图 3-1　儿童好奇心水平的总体发展趋势

第二节　求知欲的现状与发展趋势

苏霍姆林斯基认为："求知欲，好奇心——这是人的永恒的，不可改变的特性。哪里没有求知欲，哪里便没有学校。"

求知欲是个体的一种内在的精神需要——认知的需要。个体在生活、学习和工作中面临问题或任务，感到自己缺乏相应的知识时，就产生了探究新知识或扩大、加深已有知识的认识倾向；这种情境多次反复，认识倾向就逐渐转化为个体内在的强烈的认知欲求，这就是求知欲。求知欲强的人自觉地、积极地追求知识，热情地探索知识，以满足其精神上的需要。可见，求知欲虽与好奇心同属对事物的探究倾向，但二者不尽相同。一般的好奇心表现为人追求认识事物的短暂的探索行为；而求知欲则是一种比较稳定的认知欲求、认知需要，表现为人坚持不懈地探求知识的活动。

很多研究指出儿童在五六岁时，初步的求知欲开始出现。随着年龄的增长，儿童在生活、学习中，特别是在入学后系统地学习知识的进程中，求知欲得到了进一步的发展。但学生的求知欲也并非随年龄的增长而自然提高，它需要有适宜的环境和正确的引导与培养。因此，本调查以学习投入为测量工具，调查和分析育童小学儿童的求知欲特点和发展情况，以发现问题，从而准确地提出相应的对策和措施。

本次调查中，运用方来坛、时勘和张风华 2008 年编制的《学习投入量表》对育童小学学生的求知欲进行测量，包括 17 个题目，例如，"即使学习不顺利，我也毫不气馁，能够坚持不懈”。该量表采用 5 点评分，其中，1＝从不这样，5＝总是这样，量表的内部一致性信度为 0.95。

一、儿童求知欲的基本特征

（一）儿童求知欲的性别差异

对不同性别儿童的求知欲进行分析，从表 3－4 可知，育童小学的男生在求知欲总分上的平均分为 3.38，女生的平均分为 3.47，统计检验发现，性别差异不显著，统计值为 $t=-1.59$，$p>0.05$。

表 3－4　不同性别儿童求知欲水平的平均数差异检验

指标	类别	样本量	平均值	标准差	t
求知欲	男	488	3.38	0.88	−1.59
	女	412	3.47	0.87	

（二）儿童求知欲的年级差异

对不同年级儿童的求知欲进行分析，从表 3－5 可知，育童小学各年级儿童在求知欲上存在显著的年级差异（$F=4.15$，$p<0.01$）。通过事后分析（*LSD*）发现，育童小学四年级儿童的求知欲相对来说最强。

表 3－5　不同年级儿童求知欲水平的平均数差异检验

指标	类别	样本量	平均值	标准差	F
求知欲	一年级	197	3.26	0.77	4.15**
	二年级	195	3.44	0.87	
	三年级	164	3.40	0.92	
	四年级	184	3.61	0.83	
	五年级	160	3.37	0.96	

注：** 代表显著性 p 小于 0.01。

二、儿童求知欲的发展趋势

由图 3－2 可以发现，育童小学儿童的求知欲在前四年级中总体不断提升，在四年级时达到最高值，但到五年级时儿童的求知欲则呈现下降的趋势。

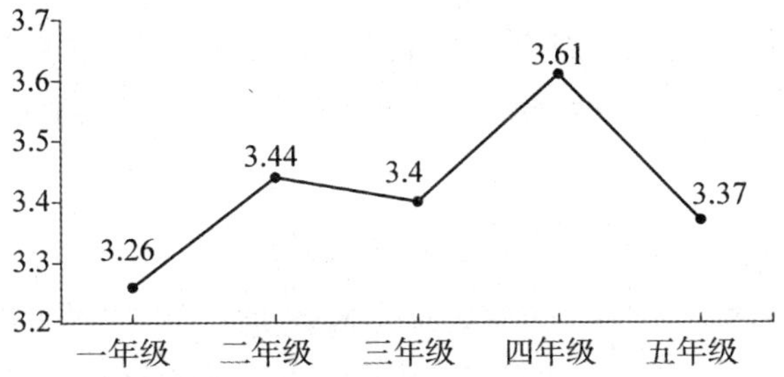

图 3－2　儿童求知欲水平的总体发展趋势

第三节　创造力的现状与发展趋势

学校教育是培养学生创造力的关键。创造力是人们将头脑中已有的想法以独特且原创的方式形成新想法的过程。当具有某种人格特质的个体在支持性的环境下调动各种能力，从而创造出某种新颖且有用的产品时，创造力便产生了。学生身上的创造力是非常个人化的，与他们的日常经验紧密联系。如果学生的思维、问题解决的方案是新颖且有用的话，同样也可以评价他们是具有创造力的。因而，每个孩子都具备创造性潜能。如果没有在基础教育阶段充分培养孩子的创造力，没有为其创造释放自己的条件，未来孩子的创造力必然会受到影响。

创造性人格和创造性思维是创造力的重要方面。创造性人格试图揭示富有创造性的个体所表现出的人格特征是什么样的。了解学生的创造性人格旨在理解创造性人格特征的构成，帮助学校、教师发现学生的创造性潜能，最终为培养学生创造力提供理论依据与指导。本书中，创造性人格包括冒险性（例如，“我敢提出自己想到的想法”）、不畏挑战（例如，“如果遇到困难的事情不能一次完成，我会一直尝试，直到成功为止”）和情感充沛（例如，

"我的同学、朋友说我是一个幽默的人")三个维度。其中,冒险性维度得分较高的儿童勇于面对失败或批评、敢于猜测、敢于质疑和挑战,他们不会被条条框框的规则所束缚,愿意尝试新鲜事物,能在杂乱的情境下完成任务、勇于为自己的观点辩护,不轻易改变自己的信念。不畏挑战维度得分较高的儿童偏爱且愿意从事复杂的事情,在面对模糊不清、复杂未知的任务面前,即使是在解决措施或者任务目标较为模糊的状态下,他们也不会轻易放弃或者表现出焦躁的情绪。这种坚韧的性格、锲而不舍的精神反而会使其超越原有的状态,想出有创造力的点子。情感充沛维度认为,具有创造性的儿童有着更大的内心自由,他们对事物充满热情、保持幽默、精力旺盛。如果缺少了这种自由,创造的活动也就没有了生长的土壤。

创造性思维是重新组织已有的知识经验,创造出新的思维成果或以新颖独特的方法解决问题的思维方式。著名的儿童心理学家皮亚杰提出的认知发展阶段理论认为,小学阶段的儿童已经进入了具体运算阶段,此阶段其思维比初期儿童时期更具有逻辑性、灵活性和组织性了,儿童能够去中心化、具有可逆性。在整个小学阶段,儿童所掌握的概念与知识大多数是可以直接感知到的、具体的。随着年龄的逐渐增长才过渡到以抽象思维为主的形式,但是仍然具有很大的局限性与具体性。对于小学生而言,其创造性思维主要表现在具体的学习活动中,这些表现并不容易观察,是零碎的、隐隐约约的。在以学习活动为主导的条件下,学生的言语无论是在形式上还是内容上已经有了一个质的变化。学前儿童时期就已经能够掌握大量词汇,可与成人正常进行沟通,进入小学阶段时已经逐渐发展到能够清楚地表达自己的想法。

随着小学儿童思维的整体发展,创造力已呈现一些特点,其思维品质包括流畅性(例如,"我想到的主意往往比其他人多")、灵活性(例如,"我喜欢从不同的方面去看待问题")、独特性(例如,"我喜欢问一些别人没有想到的问题")、精致性(例如,"做事情前,我会在头脑中把解决事情的所有步骤都想明白")。其中,思维流畅性可以保证儿童充满想法,富有想象力。富有流畅性的儿童可以迅速产生与特定情境、任务、事件有关的想法、观念。该指标所要强调的是观念或想法的数量,而非质量和原创性;思维灵活性是指变通性高,灵活的儿童不仅可以产生许多想法,其想法的类别也比较丰富。该指标强调的是种类,而非单纯的数量;思维独特性一方面体现在儿童回答问题时,能够提出别人意想不到的答案,另一方面体现在儿童能够提出一些他人没提到的问题。这种稀缺性使具备这种特质的儿童脱颖而出;思维精致性程度高的儿童在问题阐述、答案回复中不会局限于任务本身,而会尽可能地详尽阐明，保证逻辑的完整与思维的缜密。

为全面考察小学儿童的创造力现状及发展趋势，本书采用陶阳 2019 年编制的《小学生创造性思维潜能量表》对育童小学学生的创造力进行测量。该量表将创造性人格和创造性思维作为两个二级指标，每个二级指标下分别设三级指标，如表 3－6 所示。该量表包括 27 个题目，采用 5 点评分，其中，1＝完全不符合，5＝完全符合，总量表的内部一致性信度系数是 0.90，创造性人格子维度和创造性思维子维度的内部一致性信度系数分别是 0.65 和 0.90。

表 3－6　育童小学儿童的创造力指标

一级指标	二级指标	三级指标
创造力	创造性人格	冒险性
		不畏挑战
		情感充沛
	创造性思维	思维流畅
		思维灵活
		思维独特
		思维精致

一、儿童创造力的基本特征

（一）儿童创造力的性别差异

本次调查中，创造力测验采用 5 点评分。对不同性别儿童的创造力进行分析，从表 3－7 所显示的结果可知，育童小学的男生在创造力总分上的平均分为 3.53，女生的平均分为 3.50，统计检验发现，性别差异不显著，统计值为 $t=0.70$，$p>0.05$。其中，男生在创造性人格上的平均分为 3.45，女生的平均分为 3.47，性别差异不显著；男生在创造性思维上的平均分为 3.61，女生的平均分为 3.54，性别差异不显著。在创造力思维的三级指标思维独特上存在显著的性别差异，统计值为 $t=3.98$，$p<0.001$，男生的平均分为 3.40，女生的平均分为 3.21，男生思维独特显著高于女生。在创造性人格和创造性思维的其他各三级指标上均

不存在显著的性别差异。

表 3-7 不同性别儿童创造力水平的平均数差异检验

指标	类别	样本量	平均值	标准差	t
创造力总分	男	488	3.53	0.57	0.70
	女	412	3.50	0.56	
创造性人格	男	488	3.45	0.57	−0.38
	女	412	3.47	0.57	
冒险性	男	488	3.42	0.63	−0.82
	女	412	3.45	0.60	
不畏挑战	男	488	3.40	0.79	−0.52
	女	412	3.43	0.79	
情感充沛	男	488	3.54	0.97	0.28
	女	412	3.52	0.97	
创造性思维	男	488	3.61	0.67	1.51
	女	412	3.54	0.66	
思维流畅	男	488	3.68	0.78	1.17
	女	412	3.62	0.82	
思维灵活	男	488	3.62	0.79	0.54
	女	412	3.59	0.71	
思维独特	男	488	3.40	0.73	3.98***
	女	412	3.21	0.75	
思维精致	男	488	3.73	0.80	−0.32
	女	412	3.75	0.78	

注：*** 代表显著性 p 小于 0.001。

（二）儿童创造力的年级差异

对不同年级儿童的创造力进行分析，从表 3-8 可知，育童小学各年级儿童在创造力总分和创造性人格上存在边缘显著的总体年级差异（$p<0.1$），在创造性思维上不存在显

著的总体年级差异($p>0.05$)。在创造性人格的子维度中,冒险性和不畏挑战两个维度上存在显著的总体年级差异,而在情感充沛维度上总体年级差异不显著。此外,在创造性思维的子维度中,思维精致存在显著的总体年级差异($p<0.01$),思维灵活存在边缘显著的总体年级差异($p<0.1$),但思维流畅和思维独特两个子维度上不存在显著的总体年级差异。

表 3-8　不同年级儿童创造力水平的平均数差异检验

指标	类别	样本量	平均值	标准差	F
创造力总分	一年级	197	3.46	0.51	$2.11^{\dagger}$ 1<4(**) 3<4(*)
	二年级	195	3.53	0.59	
	三年级	164	3.47	0.58	
	四年级	184	3.61	0.54	
	五年级	160	3.52	0.60	
创造性人格	一年级	197	3.38	0.50	$2.22^{\dagger}$ 1<4(**) 3<4(†) 5<4(†)
	二年级	195	3.47	0.60	
	三年级	164	3.45	0.59	
	四年级	184	3.55	0.56	
	五年级	160	3.44	0.58	
冒险性	一年级	197	3.40	0.56	2.40^{*} 1<4(†) 5<2(*) 5<3(*) 5<4(**)
	二年级	195	3.45	0.58	
	三年级	164	3.46	0.68	
	四年级	184	3.51	0.65	
	五年级	160	3.32	0.61	
不畏挑战	一年级	197	3.33	0.70	3.49^{**} 1<4(**) 2<4(*) 3<4(**) 5<4(**)
	二年级	195	3.42	0.81	
	三年级	164	3.37	0.80	
	四年级	184	3.60	0.88	
	五年级	160	3.35	0.72	

续 表

指标	类别	样本量	平均值	标准差	F
情感充沛	一年级	197	3.42	0.88	1.22 1<5(*)
	二年级	195	3.54	0.98	
	三年级	164	3.51	0.90	
	四年级	184	3.55	1.00	
	五年级	160	3.65	1.06	
创造性思维	一年级	197	3.53	0.64	1.74 1<4(*) 3<4(*)
	二年级	195	3.58	0.67	
	三年级	164	3.50	0.70	
	四年级	184	3.67	0.64	
	五年级	160	3.60	0.71	
思维流畅	一年级	197	3.61	0.75	1.04 3<4(†)
	二年级	195	3.67	0.79	
	三年级	164	3.57	0.83	
	四年级	184	3.73	0.81	
	五年级	160	3.68	0.83	
思维灵活	一年级	197	3.63	0.71	1.99† 3<4(**) 5<4(*)
	二年级	195	3.61	0.74	
	三年级	164	3.51	0.79	
	四年级	184	3.72	0.69	
	五年级	160	3.56	0.84	
思维独特	一年级	197	3.26	0.72	1.35 1<5(*) 3<5(*)
	二年级	195	3.32	0.71	
	三年级	164	3.25	0.77	
	四年级	184	3.32	0.76	
	五年级	160	3.42	0.78	

续 表

指标	类别	样本量	平均值	标准差	F
思维精致	一年级	197	3.61	0.78	3.68** 1<4(***) 1<5(†) 2<4(*) 3<4(**) 5<4(†)
	二年级	195	3.74	0.80	
	三年级	164	3.68	0.83	
	四年级	184	3.91	0.75	
	五年级	160	3.75	0.79	

注:† 代表显著性 p 小于 0.1;* 代表显著性 p 小于 0.05;** 代表显著性 p 小于 0.01;*** 代表显著性 p 小于 0.001。

除了上述总体年级差异的分析之外,本调查还比较了各年级之间在各个指标上的差异,结果如表 3-8 所示。总体而言,育童小学四年级的儿童在创造力、创造性人格及创造性思维方面的表现相对更好一些。

二、儿童创造力的发展趋势

(一) 儿童创造力发展的总体趋势

从图 3-3 可以看出,儿童的创造力发展呈"M 型"波动的发展趋势,并且在育童小学四

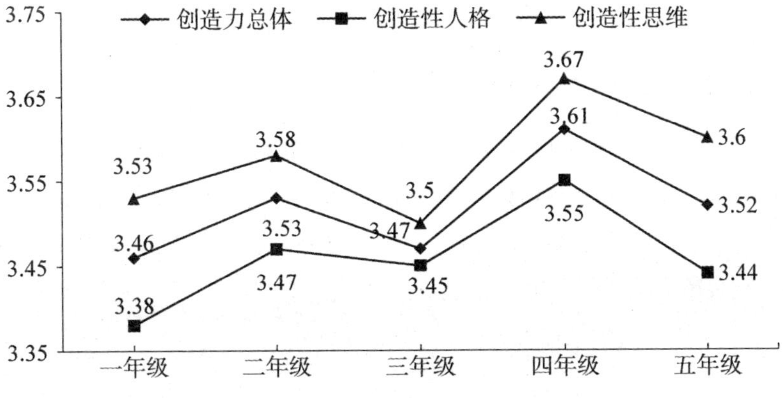

图 3-3　育童小学儿童创造力水平的总体发展趋势

年级时儿童的创造力总体水平、创造性人格和创造性思维的得分达到最高。

（二）儿童创造性人格的发展趋势

从图 3-4 可以看出，创造性人格的三个维度的发展趋势稍有不同。具体而言，在冒险维度方面，总体平稳向上发展，四年级相对较高，但到五年级时学生的冒险性降低；在不畏挑战维度方面，小学四年级儿童的不畏挑战维度得分相对最高；在情感充沛维度方面，育童小学儿童在该维度上总体向上发展，在小学五年级时情感充沛维度上得分相对最高。

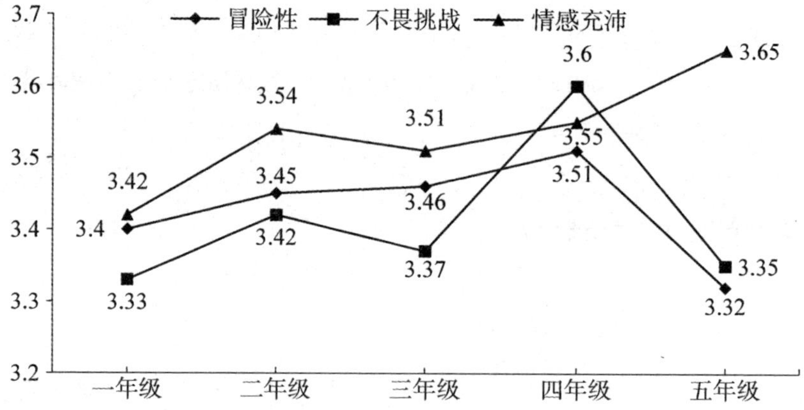

图 3-4　儿童创造性人格的发展趋势

（三）儿童创造性思维的发展趋势

从图 3-5 可以看出，创造性思维的四个维度的发展趋势略有差异。具体而言，在思维流畅维度、思维灵活维度和思维精致维度方面，总体平稳向上发展，四年级相对较高，但到五年级时略有下降；在思维独特维度方面，小学儿童在该维度上总体向上发展，在小学五年级时的得分相对最高。

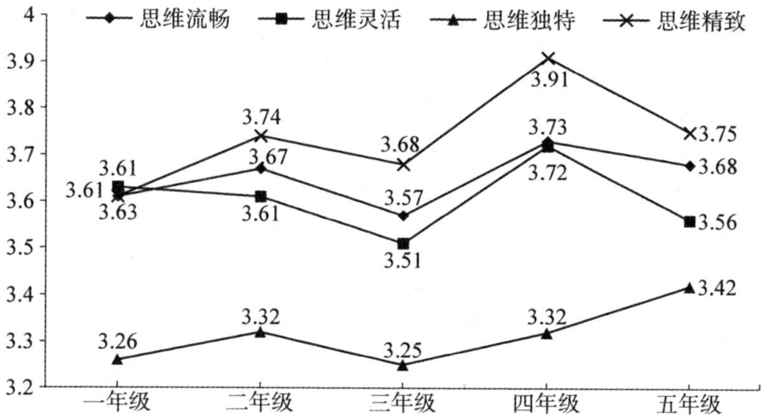

图 3-5　儿童创造性思维的发展趋势

第四节　童心现状与整体发展趋势

一、儿童童心现状的整体特征

(一) 儿童童心现状的整体分析

首先对小学生的童心水平进行整体分析。根据问卷答案的设置以及五点量表计分标准,各维度得分越高表明小学生的童心水平越高。由表 3-9 可知,童心及其三个维度的得分均高于 3 分,即育童小学学生的童心水平处于良好水平,但相对而言,好奇心的得分较高,求知欲的得分较低。

表 3-9　小学生童心水平的整体分析

变量	平均值	标准差	极小值	极大值
童心	3.63	0.59	1.52	4.96
好奇心	3.95	0.65	1.75	5.00
求知欲	3.42	0.87	1.00	5.00
创造力	3.52	0.56	1.39	4.88

（二）儿童童心的性别差异

对不同性别小学生的童心水平进行独立样本 t 检验。由表 3－10 可知，男生和女生在童心整体水平上不存在显著性差异。

表 3－10　不同性别小学生童心的平均数差异检验

变量	类别	样本量	平均值	标准差	t
童心	男	488	3.62	0.60	−0.49
	女	412	3.64	0.58	

（三）儿童童心的年级差异

对不同年级小学生的童心水平进行单因素方差分析。由表 3－11 可知育童小学各年级小学生的童心水平存在显著的年级差异，通过事后分析（*LSD*）发现，小学四年级的童心水平相对来说最高。

表 3－11　不同年级小学生创造力水平的平均数差异检验

变量	类别	样本量	平均值	标准差	F
童心	一年级	197	3.53	0.51	4.08^{**} 1＜2（*） 1＜4（***） 2＜4（†） 3＜4（**） 5＜4（**）
	二年级	195	3.66	0.59	
	三年级	164	3.59	0.58	
	四年级	184	3.76	0.54	
	五年级	160	3.59	0.60	

注：† 代表显著性 p 小于 0.1；* 代表显著性 p 小于 0.05；** 代表显著性 p 小于 0.01；*** 代表显著性 p 小于 0.001。

二、儿童童心的整体发展趋势

从图 3－6 可以看出，小学儿童的童心发展总体呈增长的发展趋势，且在小学四年级时的童心水平及好奇心、求知欲和创造力三个维度的得分均相对最高。

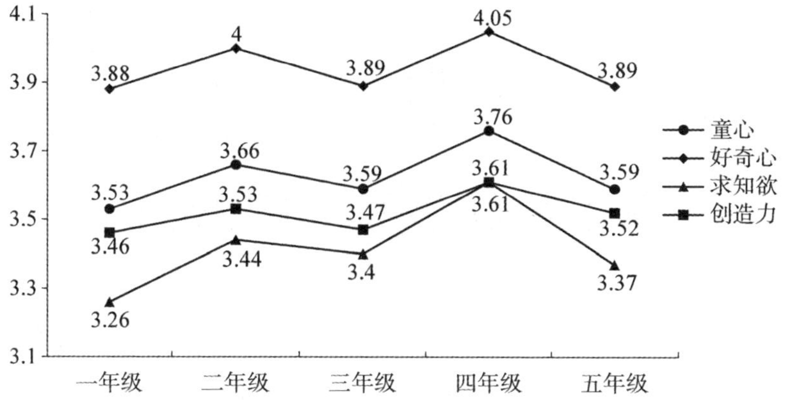

图 3-6　儿童童心的总体发展趋势

结果表明，上海市浦东新区育童小学小学生的童心水平良好，虽然不存在不同性别之间的童心水平差异，但在不同的年级之间存在显著差异。从整体发展趋势来看，小学生的童心水平呈增长的趋势，在小学四年级时表现出最高水平，在好奇心、求知欲和创造力方面均有较好的表现。儿童心理学家皮亚杰提出的认知发展阶段理论认为，小学阶段的儿童经历了感知运动阶段和前运算阶段，已经逐渐进入了具体运算阶段，此阶段思维比初期儿童时期更具有逻辑性、灵活性和组织性，儿童能够去中心化、具有可逆性。在整个小学阶段，儿童所掌握的概念与知识大多数是可以直接感知到的、具体的。这个阶段是培养和发展小学生好奇心、求知欲和创造力的重要时期，他们渴望自己能够主动地创造和发现，在教师“脚手架”的指导与帮助下，童心水平快速提升，为即将进入的形式运算阶段奠定基础。相对四年级小学生，五年级的童心水平出现显著的下降。可能的原因是五年级的小学生面临“小升初”的升学压力，花费较多的时间和精力应对考试，此时的童心水平会出现降低的情况。因此，应通过多种措施，提升儿童的童心水平，切实践行童心教育。

第四章

基于童心的教学课程体系

建构基于童心的课程体系是践行童心教育的重要载体。小学分别从课程体系设置和课程教学大纲两部分内容，建构基于童心的课程体系。

第一节　童心课程体系

课程体系是实现培养目标的载体，也是保障和提高教学质量的关键因素。具体来说，课程体系是在一定的教育理念的指导下，将课程的各个构成要素加以排列组合，使各个课程要素在动态过程中达成统一的状态。2017 年 9 月，全国开始实行《义务教育小学科学课程标准》，课标中明确指出：小学科学课程的组织与教学要兼顾知识、社会、儿童三者的需求，将科学本质、科学思想、科学知识、科学方法等学习内容镶嵌在儿童喜闻乐见的科学主题中，创设愉快的教学氛围，保护学生的好奇心和求知欲，激发学生学习科学的兴趣，引导学生主动探究，积累生活经验，增强课程的意义性和趣味性。

童心课程是在童心教育的理念下形成的具有实践价值的学校发展方式。童心课程不仅秉承童心教育的真谛，同时也整合课程本身独有的目标，形成童心教育的课程体系：在国家课程目标的基础上和学校童心教育理念的指导下，童心课程的设置突出对“好奇心”“求知欲”“创造力”的培养。在以学科为基础的课程中实现能力的培养，在以活动为基础的课程中突出知识的转化与实践应用能力的培养。

学校聚焦童心要素，整体规划课程，努力通过校本课程的开发与建构，形成以“童心”为主题的立体多元的课程文化，建构“三层四类”课程体系。围绕“三层四类”，打造校本课程。三层分别是：面向全体的基础型课程、面向部分的拓展型课程、面向个体的探究型课程；四类别分别是：启童智、促童思、激童趣、葆童健四个领域，总计 12 个课程模块，如图 4 - 1 所示。

启童智：培育儿童智力，主要科目课程是保证童心教育实施的最基本课程。

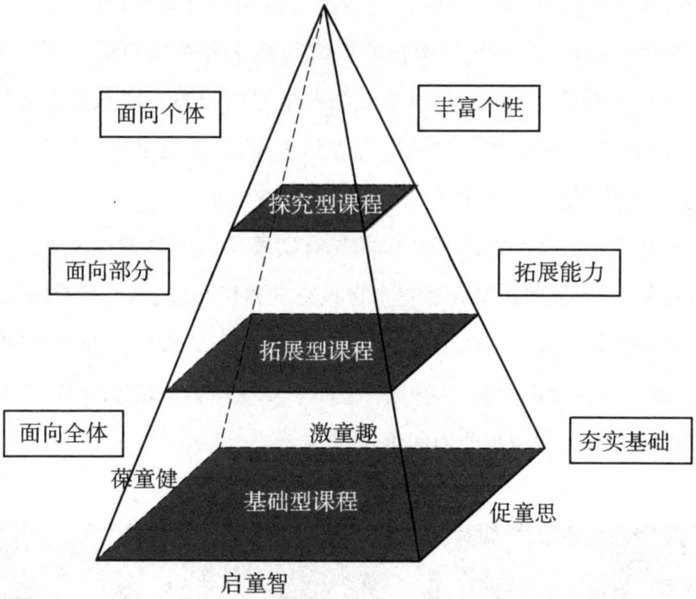

图 4-1　童心课程模型图

促童思：促进儿童思考，相对应的课程是更注重儿童的思维训练，与童心的好奇心、求知欲和创造力内涵一致。

激童趣：激发儿童的兴趣，相对应的课程，例如音乐美术、文化节等都是激发儿童兴趣的课程。丰富童心活动。活动为儿童提供成长的经验，儿童会在活动中进行自我成长。小学通过开展各种社团活动、科技节、文化节、艺术节等为学生提供成长的机会。

葆童健：葆儿童的健康，设置相对应的课程，例如体育与健身等，是强健体魄、促进儿童健康的课程。学校的心理健康课程在童心文化的发展，真正成为学生敞开心灵的场所。

育童小学的课程体系设置都是围绕童心进行，启童智、促童思、激童趣和葆童健是童心教育在具体课程中的表现。无论是基础型、拓展型还是探究型课程均是从启童智、促童思、激童趣和葆童健四个方面进行设置，也都很好地体现了童心的好奇心、求知欲和创造力内涵。

童心课程的调整是对课程内容的整合与精选，而不是一味地叠加，目的是让儿童既学习广泛的知识，又不增加过重的负担。童心课程将国家课程与校本课程有机整合成一个新的复合型整体，强调其内在的联系：基础型课程强调基础知识和学力的提升，夯实儿童的基础知识；拓展型课程从能力拓展性入手，实现基础性与能力的提高，符合儿童成长的需要以及学科发展的需要，寓教于乐；探究型课程以活动的形式推动了各学科知识的综合与联动，丰富儿童的个性，促使儿童全面感受童心课程的文化。按照 12 个课程模块，学校设计相应的分类科目，建立特色童心教育的校本课程体系，如图 4－2 所示。这些课程以多元化层次体现课程内容的灵活性。童心课程鼓励儿童积极地参与课程建设，让学生在“育人为本”的课程中变得主动。课程模式由“教”学生转变为“激发”学生。

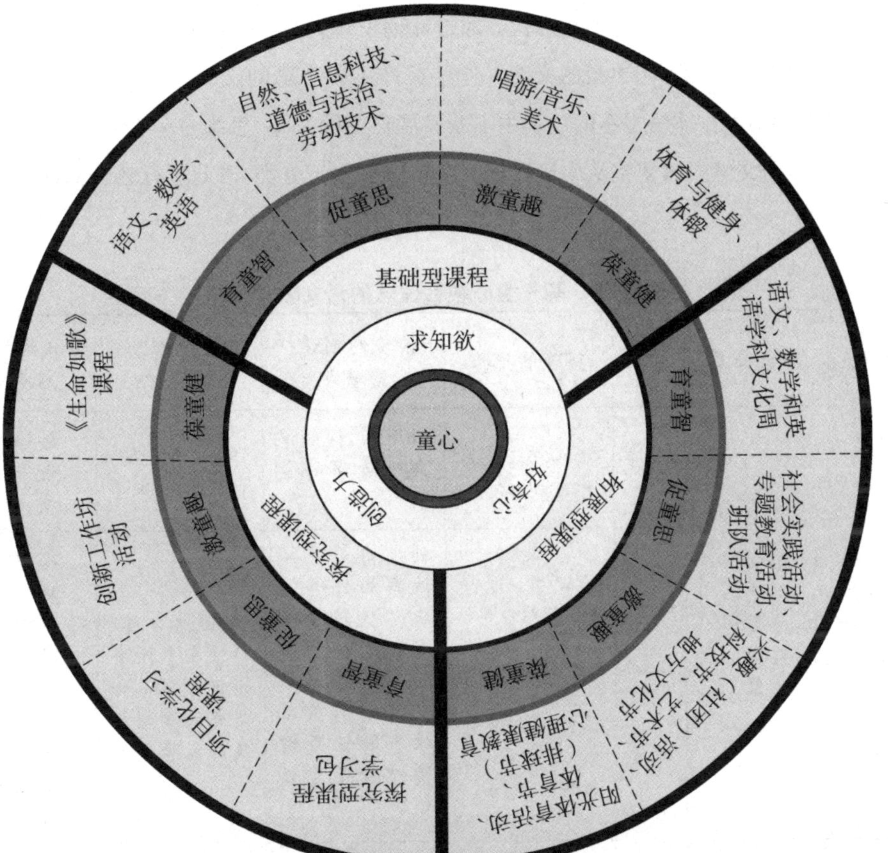

图 4－2　基于童心的课程体系

第二节　童心课程大纲

一、语文教学大纲

部编版小学语文教材以人文主题与语文要素双线组元，进一步突出了育人导向，更加注重弘扬中华优秀传统文化，既传承经典又富有时代气息，既遵循学科规律又贴近学生实际，观照到学生的心理特征与生活经验。通过梳理发现，单元主题的设置关涉自然与社会、人与物、写实与想象等不同类型的文章。这些关涉不同主题的文章作为语文教学载体，教师能通过引导学生在体悟文本的过程中不断发展自己的兴趣、思维与审美能力等。根据童心教育理念，语文学科教研室从中摘取相关主题做了如下分类，以此进行教学大纲的架构。见表 4－1。

表 4－1　基于童心教育理念的语文教学大纲

主题	学科要素	学段	环节的把控	情境的创设：激童趣	内容的组织：促童思	方式的指引：启童智
童话世界/有趣的故事	1. 感受想象的丰富与奇妙； 2. 体会人物形象。	低段	听故事-读故事-说体会	借用音、视频渲染听故事的氛围	给故事分层 仿说文本故事	读一读 说一说 演一演
		中段	读故事-说奇妙-感形象	创设讲好童话故事的任务情境-“我是小小童话家”	给故事分层 仿说文本故事 说说故事体会 补充故事留白 改编故事发展	读一读 说一说 演一演 画一画
		高段	读故事-说奇妙-感形象-悟哲理	创设创编童话故事的任务情境-“我是童话创作家”		读一读 说一说 演一演 画一画 编一编
观察动植物/万物有灵	1. 借助具体事物抒发感情； 2. 学会观察。	低段	发现特点-理清结构-说好体会	借用音像资源调动学生学习积极性	补充资料 找出特点 仿说特点 说说感受	读一读 圈一圈 说一说 演一演

续 表

主题	学科要素	学段	环节的把控	情境的创设：激童趣	内容的组织：促童思	方式的指引：启童智
		中段	发现特点-理清结构-感悟情理-模仿表达		补充资料 找出特点 表格归纳 仿写特点 说清情理	读一读 圈一圈 说一说 演一演 写一写 画一画
		高段				
自然之美/奥秘	1. 想象画面； 2. 了解课文是从哪几个方面把内容写清楚的； 3. 体会静态与动态美。	低段	寻找画面-发现画面-说说画面	借用音像资源调动学生学习积极性	文本梳理 发现特点 仿说画面	读一读 圈一圈 说一说
		中段	寻找画面-归纳画面-想象画面		文本梳理 发现特点 归纳画面 感受画面 改写画面	读一读 圈一圈 说一说 画一画
		高段	寻找画面-归纳画面-想象画面-续写/改写画面		文本梳理 发现特点 归纳画面 感受画面 改写画面 补充画面	读一读 圈一圈 说一说 写一写
童年/学校生活	1. 学习动作、语言、神态等描写； 2. 抓住关键词句，体会课文感情。	低段	理清事件-说清事件-表达感受	巧借学生个人生活经验，联结文本，拉近学生与文本的距离	梳理结构 理清事件 评论事件	读一读 圈一圈 说一说
		中段	理清事件-说清事件-表达感受-体会情感		梳理结构 归纳内容 体会情感 留白处补写	读一读 圈一圈 说一说 写一写
		高段	理清事件-说清事件-表达感受-体会情感-分享经验		梳理结构 归纳内容 体会情感 个性化写作	读一读 圈一圈 说一说 写一写

续 表

主题	学科要素	学段	环节的把控	情境的创设：激童趣	内容的组织：促童思	方式的指引：启童智
民间/神话/古人故事	1. 概括； 2. 复述	低段	理清事件-说清事件-表达感受-讲清故事	借用音像资源调动学生学习积极性	梳理内容 说好故事 留白处想象	读一读 圈一圈 说一说
		中段	理清事件-说清事件-表达感受-体会情理-简要复述故事	创设创编讲好故事的任务情境-“我是民间/神话/古人故事代言人”	梳理结构 归纳内容 体会情理 简要复述 留白处续写	读一读 圈一圈 说一说 写一写 画一画
		高段	理清事件-说清事件-表达感受-体会情理-创造性复述故事		梳理结构 归纳内容 体会情理 创造性复述 个性化改编 合演情景剧	读一读 圈一圈 说一说 写一写 画一画 演一演
革命/传统文化/家国情怀	1. 把握主要内容； 2. 体会人物内心或体会课文情感。	低段	理清事件-说清事件-表达感受	借用音像资源调动学生学习积极性	补充资料 说通文本 说清内容 说说感受 体会情理	读一读 圈一圈 说一说 诵一诵
		中段	理清事件-说清事件-表达感受-体会情感	借用音像资源调动学生学习积极性；创设向先烈/国家致敬的任务情境-“我是祖国献礼官”	补充资料 梳理结构 归纳内容 体会情理 召开朗诵会 诗文创作	读一读 圈一圈 说一说 诵一诵 写一写
		高段	理清事件-说清事件-表达感受-体会情感-迁移写作-表达情感		补充资料 梳理结构 归纳内容 体会情理 召开朗诵会 诗文创作 合演情景剧	读一读 圈一圈 诵一诵 写一写 演一演

二、数学教学大纲

数学教育承载着落实立德树人根本任务、实施素质教育的功能。义务教育数学课程具有基础性、普及性和发展性。学生通过数学课程的学习，掌握适应现代生活及进一步学习必备的基础知识和基本技能、基本思想和基本活动经验；激发学习数学的兴趣，养成独立思考的习惯和合作交流的意愿；发展实践能力和创新精神，形成和发展核心素养，增强社会责任感，树立正确的世界观、人生观和价值观。根据童心教育理念，数学学科教研室从中摘取相关主题做了如下分类，以此进行教学大纲的架构。见表 4－2。

表 4－2　基于童心教育理念的数学教学大纲

<table>
<tr><th>主题</th><th>学科要素</th><th>学段</th><th>环节的把控</th><th>情境的创设：激童趣</th><th>内容的组织：促童思</th><th>方式的指引：启童智</th></tr>
<tr><td rowspan="3">数与代数</td><td rowspan="3">1. 数与运算；
2. 数量关系。</td><td>低段</td><td>情境引入－感悟理解－巩固提升－总结收获</td><td rowspan="3">创设贴近学生生活的情境，激发兴趣</td><td>感悟理解
熟练表达
实际应用</td><td>读一读
说一说
编一编
做一做</td></tr>
<tr><td>中段</td><td>情境引入－感悟理解－巩固提升－总结收获</td><td rowspan="2">感悟理解
准确表达
实际应用</td><td>读一读
说一说
编一编
做一做</td></tr>
<tr><td>高段</td><td>情境引入－感悟理解－巩固提升－总结收获</td><td>读一读
说一说
编一编
做一做</td></tr>
<tr><td rowspan="3">图形与几何</td><td rowspan="3">1. 图形的认识与测量；
2. 图形的位置与运动。</td><td>低段</td><td>直观感知－探索特征－感悟理解－总结收获</td><td rowspan="3">选用学生熟悉的素材，鼓励学生动手操作，激发兴趣</td><td>直观感知
动手操作
准确测量
恰当选择</td><td>摸一摸
说一说
拼一拼
画一画
量一量</td></tr>
<tr><td>中段</td><td rowspan="2">创设情境－探索特征－感悟理解－总结收获</td><td rowspan="2">直观感知
动手操作
描述特征
准确测量
恰当选择
合理分类
掌握公式</td><td rowspan="2">看一看
画一画
折一折
说一说
量一量</td></tr>
<tr><td>高段</td></tr>
</table>

续 表

主题	学科要素	学段	环节的把控	情境的创设:激童趣	内容的组织:促童思	方式的指引:启童智
统计与概率	1. 数据分类; 2. 数据的收集、整理与表达; 3. 随机现象发生的可能性。	低段	创设情境-发现特征-感悟理解-总结收获	充分利用学生已有的生活经验,调动学生学习积极性	活动操作 发现特征 直观比较 记录描述	分一分 画一画 写一写 记一记 说一说
		中段	创设情境-经历数据收集和整理-感悟表达-总结收获		收集整理 准确画图 分析表达	说一说 画一画
		高段	创设情境-经历数据收集和整理-感悟表达-总结收获		收集整理 准确画图 分析表达 判断现象	说一说 画一画 辨一辨
综合与实践	主题式学习,解决实际问题。	低段	创设情境-组织活动-参与活动-总结收获	巧借学生个人生活经验,在实际情境和真实问题的解决过程中,加深对数学知识的理解,体会数学与现实生活的联系	参与体验 描述感受 表达收获 总结发现	说一说 演一演 画一画 评一评
		中段	问题引领-组织活动-参与活动-评价反思		长程活动 交流展示 评价反思	找一找 查一查 说一说 画一画 评一评
		高段	确定主题-组织活动-参与活动-评价反思		“项目式” 长程活动 交流展示 评价反思	找一找 查一查 说一说 画一画 评一评

三、英语教学大纲

《英语》(牛津上海版)教材由多个模块组成,模块中的单元学习内容围绕模块主题,从一年级到五年级重复循环,学习要求螺旋上升,层次分明,条理性强,符合小学生的心理和生理特点。义务教育《英语课程标准》(2022 年版)以素养为导向、指向育人，课程内容由主题、语篇、语言知识、文化知识、语言技能和学习策略等要素构成。围绕这些要素，通过学习理解、应用实践、迁移创新等活动，推动学生核心素养在义务教育全程中持续发展。核心素养是课程育人价值的集中体现，是学生通过课程学习逐步形成的适应个人终身发展和社会发展需要的正确价值观、必备品格和关键能力。发挥核心素养的统领作用、构建基于分级体系的课程结构、以主题为引领选择和组织课程内容是重要的课程理念。根据童心教育理念，英语学科教研室从《英语》(牛津上海版)教材中摘取相关主题做了如下分类，以此进行教学大纲的架构。见表 4 - 3。

表 4 - 3　基于童心教育理念的英语教学大纲

主题	学科要素	学段	环节的把控	情境的创设：激童趣	内容的组织：促童思	方式的指引：启童智
Getting to know you	1. 问候他人； 2. 询问他人的姓名、年龄、生日等； 3. 介绍自己和同学。	低段	情境导入-学习理解-构建应用-实践体验	结合主题创设故事情境，使用图片、音频、视频、道具等资源，让故事更生动有趣；师生互动创设真实情境，让学生乐于参与；配合语言和文化知识创设交际情境，让学生在乐趣中提高语言技能。	倾听模仿 跟读朗读 文本视听 看图说话 调查问答 表达交流 角色扮演	听一听 读一读 猜一猜 唱一唱 玩一玩 小调查 说一说 演一演
		中段	情境导入-学习理解-构建应用-实践体验		跟读朗读 文本视听 表达交流 文本阅读 信息提取 角色扮演 说指令做动作	听一听 读一读 猜一猜 唱一唱 玩一玩 说一说 演一演
		高段	情境导入-学习理解-构建应用-实践体验-迁移创新		跟读朗读 文本视听 文本阅读 调查问答 表达交流 角色扮演 总结归纳 写作记录	听一听 读一读 猜一猜 唱一唱 做一做 小采访 小调查 写一写 说一说 演一演

续 表

主题	学科要素	学段	环节的把控	情境的创设：激童趣	内容的组织：促童思	方式的指引：启童智
Me, my family and friends	1. 介绍自己； 2. 介绍朋友； 3. 介绍家人。	低段	情境导入-学习理解-构建应用-实践体验	结合主题创设故事情境，使用图片、音频、视频、道具等资源，让故事更生动有趣；师生互动创设真实情境，让学生乐于参与；配合语言和文化知识创设交际情境，让学生在乐趣中提高语言技能。	倾听模仿 跟读朗读 文本视听 看图说话 调查问答 表达交流 角色扮演	听一听 读一读 猜一猜 唱一唱 玩一玩 小调查 说一说 演一演
		中段	情境导入-学习理解-构建应用-实践体验		跟读朗读 文本视听 表达交流 文本阅读 信息提取 角色扮演	听一听 读一读 猜一猜 唱一唱 玩一玩 说一说 演一演
		高段	情境导入-学习理解-构建应用-实践体验-迁移创新		跟读朗读 文本视听 文本阅读 调查问答 表达交流 角色扮演 总结归纳 写作记录	听一听 读一读 猜一猜 唱一唱 小调查 写一写 说一说 演一演
Places and activities	1. 在校园中的不同地点对看到的东西进行问答和介绍； 2. 在商店、饭店、公园、医院等不同场所用英语交流。	低段	情境导入-学习理解-构建应用-实践体验	结合主题创设故事情境，使用图片、音频、视频、道具等资源，让故事更生动有趣；师生互动创设真实情境，让学生乐于参与；配合语言和文化知识创设交际情境，让学生在乐趣中提高语言技能。	倾听模仿 跟读朗读 文本视听 看图说话 表达交流 角色扮演 听指令做动作	听一听 读一读 猜一猜 唱一唱 玩一玩 说一说 演一演
		中段	情境导入-学习理解-构建应用-实践体验		跟读朗读 文本视听 表达交流 文本阅读 信息提取 角色扮演	听一听 读一读 猜一猜 唱一唱 玩一玩 说一说 演一演

续 表

主题	学科要素	学段	环节的把控	情境的创设：激童趣	内容的组织：促童思	方式的指引：启童智
		高段	情境导入-学习理解-构建应用-实践体验-迁移创新		跟读朗读 文本视听 文本阅读 表达交流 角色扮演 总结归纳 写作记录	听一听 读一读 猜一猜 唱一唱 玩一玩 写一写 说一说 演一演
The natural world	1. 在农场、公园、动物园、森林等情境中进行问答； 2. 介绍植物、动物、昆虫等； 3. 了解公园、街道等场所的规则； 4. 描述常见自然界的物质和现象。	低段	情境导入-学习理解-构建应用-实践体验	结合主题创设故事情境，使用图片、音频、视频、道具等资源，让故事更生动有趣；师生互动创设真实情境，让学生乐于参与；配合语言和文化知识创设交际情境，让学生在乐趣中提高语言技能。	倾听模仿 跟读朗读 文本视听 看图说话 表达交流 角色扮演	听一听 读一读 猜一猜 唱一唱 玩一玩 说一说 演一演
		中段	情境导入-学习理解-构建应用-实践体验		跟读朗读 文本视听 表达交流 文本阅读 信息提取 角色扮演	听一听 读一读 猜一猜 唱一唱 玩一玩 说一说 演一演
		高段	情境导入-学习理解-构建应用-实践体验-迁移创新		跟读朗读 文本视听 文本阅读 表达交流 角色扮演 总结归纳 写作记录	听一听 读一读 猜一猜 唱一唱 玩一玩 做一做 说一说 演一演
Using my five senses	1. 描述自己的感官； 2. 介绍自己看到、听到、闻到、尝到、触摸到的东西；	低段	情境导入-学习理解-构建应用-实践体验	结合主题创设故事情境，使用图片、音频、视频、道具等资源，让故事更生动有趣；师生互动创设真实情	倾听模仿 跟读朗读 文本视听 看图说话 表达交流 角色扮演 说指令做动作	听一听 读一读 猜一猜 唱一唱 玩一玩 说一说 演一演

续 表

主题	学科要素	学段	环节的把控	情境的创设:激童趣	内容的组织:促童思	方式的指引:启童智
	3. 询问他人的五种感官,并能正确回答。	中段	情境导入-学习理解-构建应用-实践体验	境,让学生乐于参与;配合语言和文化知识创设交际情境,让学生在乐趣中提高语言技能。	跟读朗读 文本视听 调查问答 表达交流 文本阅读 信息提取 角色扮演	听一听 读一读 猜一猜 小调查 唱一唱 玩一玩 说一说 演一演
		高段	情境导入-学习理解-构建应用-实践体验-迁移创新		跟读朗读 文本视听 文本阅读 表达交流 角色扮演 总结归纳 写作记录	听一听 读一读 猜一猜 唱一唱 写一写 玩一玩 做一做 说一说 演一演
My favourite things	1. 描述自己最喜欢的各种事物; 2. 询问他人最喜欢的事物,并能正确回答。	低段	情境导入-学习理解-构建应用-实践体验	结合主题创设故事情境,使用图片、音频、视频、道具等资源,让故事更生动有趣;师生互动创设真实情境,让学生乐于参与;配合语言和文化知识创设交际情境,让学生在乐趣中提高语言技能。	倾听模仿 跟读朗读 文本视听 调查问答 看图说话 表达交流 角色扮演	听一听 读一读 猜一猜 唱一唱 玩一玩 小调查 说一说 演一演
		中段	情境导入-学习理解-构建应用-实践体验		跟读朗读 文本视听 调查问答 表达交流 文本阅读 信息提取 角色扮演	听一听 读一读 猜一猜 唱一唱 玩一玩 小调查 说一说 演一演

续 表

主题	学科要素	学段	环节的把控	情境的创设：激童趣	内容的组织：促童思	方式的指引：启童智
		高段	情境导入-学习理解-构建应用-实践体验-迁移创新		跟读朗读 文本视听 文本阅读 表达交流 调查问答 角色扮演 总结归纳 写作记录	听一听 读一读 猜一猜 唱一唱 写一写 玩一玩 小调查 说一说 演一演
Things around me	1. 描述和介绍自己周围的事物； 2. 通过提问来了解自己周围的事物，并能正确回答。	低段	情境导入-学习理解-构建应用-实践体验	结合主题创设故事情境，使用图片、音频、视频、道具等资源，让故事更生动有趣；师生互动创设真实情境，让学生乐于参与；配合语言和文化知识创设交际情境，让学生在乐趣中提高语言技能。	倾听模仿 跟读朗读 文本视听 调查问答 看图说话 表达交流 角色扮演	听一听 读一读 猜一猜 唱一唱 玩一玩 小调查 说一说 演一演
		中段	情境导入-学习理解-构建应用-实践体验		跟读朗读 文本视听 调查问答 表达交流 文本阅读 信息提取 角色扮演	听一听 读一读 猜一猜 唱一唱 玩一玩 小调查 说一说 演一演
		高段	情境导入-学习理解-构建应用-实践体验-迁移创新		跟读朗读 文本视听 文本阅读 表达交流 调查问答 角色扮演 总结归纳 写作记录	听一听 读一读 猜一猜 唱一唱 玩一玩 写一写 小调查 做一做 说一说 演一演

续 表

主题	学科要素	学段	环节的把控	情境的创设：激童趣	内容的组织：促童思	方式的指引：启童智
		中段	情境导入-学习理解-构建应用-实践体验		跟读朗读 文本视听 调查问答 表达交流 文本阅读 信息提取 角色扮演 说指令做动作	听一听 读一读 猜一猜 玩一玩 唱一唱 画一画 小调查 说一说 演一演
		高段	情境导入-学习理解-构建应用-实践体验-迁移创新		跟读朗读 文本视听 文本阅读 表达交流 调查问答 角色扮演 总结归纳 写作记录	听一听 读一读 猜一猜 唱一唱 做一做 写一写 说一说 演一演

四、道德与法治教学大纲

部编版小学道德与法治教材依据学生心理发展水平和认知特点，分学段设置入学教育、道德教育、生命安全与健康教育、法治教育、中华优秀传统文化与革命传统教育、国情教育等六大主题，由浅入深、由近及远、循环往复、螺旋递进地帮助学生了解社会主义核心价值观的丰富内涵。通过梳理，我们发现教材内容中的各类学习情境与活动可以作为道法教学的载体，教师能通过引导学生在创设的具体情境中认识、形成、感悟和践行社会主义核心价值观，从而做到“内化于心，外化于行”。根据童心教育理念，道德与法治学科教研室从中摘取相关主题做了如下分类，以此进行教学大纲的架构。见表 4 - 4。

表 4－4　基于童心教育理念的道德与法治教学大纲

主题	学科要素	学段	环节的把控	情境的创设：激童趣	内容的组织：促童思	方式的指引：启童智
道德教育	养成良好的道德品质和行为习惯。	低段	创设情境－发现问题－交流讨论－解决问题－体悟道理－联系生活	借用讲故事、写日记、观看影视资料等方式创设情境，接受道德教育。	补充资料 交流讨论 实践应用 分享感悟	读一读 看一看 说一说 写一写
		中段	创设情境－合作调查－实践体验－体悟道理－提高技能	借用角色扮演体验等方式创设情境，讨论解决问题的方法，尝试学会合作。	补充资料 分析案例 交流讨论 角色扮演 总结体会	读一读 看一看 说一说 演一演 写一写
		高段	创设情境－采访交流－收集素材－模拟体验－体悟道理	开展社会实践活动和情景剧体验，学会感恩、分忧、互助、自强，了解社会规则。	补充资料 合演情景剧 体会情感 交流讨论 总结体会 认识规则	读一读 看一看 说一说 演一演 写一写
生命安全与健康教育	健全人格，自尊自信，学会理性和平，尊重生命，树立安全意识。	低段	创设情境－观察生活－案例交流－分享体会－感悟道理－掌握方法与技能	创设贴近学生生活的情境，学习身边有关交通安全和环境保护的案例，总结经验。	观察生活 补充资料 分享发现 准确表达 实际应用	读一读 看一看 说一说 演一演 写一写 画一画
		中段	创设情境－模拟体验－交流分享－体悟道理－提高技能	创设贴近学生生活的情境，模拟和同学之间的日常交往、学习，模拟和陌生人之间的交往，总结经验。	故事分享 模拟体验 补充资料 角色扮演 归纳经验 实际应用	读一读 看一看 说一说 演一演 写一写 画一画
		高段	案例分析－模拟体验－交流分享－体悟道理－提高技能	结合社会时事，通过演练，提升觉悟，掌握应对和处理事情的方法，提高对生命的尊重和对健康的认同。	补充材料 案例分析 情境演练 致敬英雄 归纳经验	读一读 看一看 说一说 演一演 写一写 画一画

续 表

主题	学科要素	学段	环节的把控	情境的创设:激童趣	内容的组织:促童思	方式的指引:启童智
法治教育	1. 树立规则意识; 2. 初步了解法律和公民意识。	低段	创设情境-合作探究-交流分享-体悟道理	充分利用学生在校情境,调动学生学习兴趣。	补充资料 开展故事会 准确表达 分享感受	读一读 说一说 找一找 讲一讲 画一画
		中段	创设情境-合作调查-交流展示-拓展介绍-模拟体验-提高技能	制定班规;结合主题教育日,科普生活中常用的法律。	参与体验 主题学习 民主管理 制定班规 了解宪法	读一读 说一说 画一画 演一演
		高段	阅读案例-分析案例-交流分享-经验总结-体悟道理	在真实情境和问题的解决过程中,加强对法律概念和特征的认识,认识公民的内涵。	法律讲堂 实例分析 解决问题 总结经验 分享感悟	读一读 说一说 写一写 演一演
中华优秀传统文化与革命传统教育	1. 认识国家; 2. 了解少先队; 3. 学习英雄模范事迹; 4. 了解中华传统美德。	低段	创设情境-案例分析-故事分享-合作交流-体悟道理-激发情感	巧借学生个人生活情境,加深对国家的了解,对少先队的认识。	补充资料 故事讲述 参观纪念馆 访问英雄人物 交流感悟	读一读 看一看 说一说 访一访 写一写
		中段	调查访问-搜集资料-展示分享-激发情感	巧借学生个人生活情境,初步了解中华传统美德。	了解文化 收集格言 分享故事 表达感恩	读一读 看一看 说一说 写一写
		高段	查阅资料-寻访参观-展示交流-激发情感	借用音像资源,打卡红色基地,激发爱国热情。	查阅资料 参观博物馆 讲党的故事 交流心得	读一读 访一访 说一说 写一写

五、自然学科教学大纲

《义务教育科学课程标准(2022 年版)》具有鲜明的时代性。与以往的课程标准相比,该版本有了许多新的变化。它指向核心素养,强化了整体设计,强调核心概念,具有更强的综合性和实践性，将对教学产生深远的影响。《课程标准（2022 年版）》提炼了 13 个核心概念来组织课程内容，旨在让学生通过核心概念的学习形成核心素养，聚焦核心概念的学习有利于通过集中精力学习最少的知识，达到最大的效果。根据童心教育理念，自然学科教研室结合 13 个核心概念做了如下分类，以此进行教学大纲的架构。见表 4－5。

表 4－5　基于童心教育理念的科学教学大纲

<table>
<tr><th>主题</th><th>学科要素</th><th>学段</th><th>环节的把控</th><th>情境的创设：激童趣</th><th>内容的组织：促童思</th><th>方式的指引：启童智</th></tr>
<tr><td rowspan="2">物质的结构与性质</td><td rowspan="2">1. 物质具有一定的特性与功能；
2. 空气与水是重要的物质；
3. 金属及合金是重要的材料；
4. 常见的化合物；
5. 物质由元素组成；
6. 物质由微观粒子构成；
7. 常见物质的分类。</td><td>低段</td><td>创设情境-简单测量-初步分类-融入科技史素材</td><td rowspan="2">利用生活中的素材创设情境，引导学生从真实的情境中发现问题，通过观察、实验等方法，主动、积极地学习。</td><td>观察特征
初步测量
初步分类
阅读科技史</td><td>看一看
量一量
分一分
读一读</td></tr>
<tr><td>中高段</td><td>创设情境-观察与实验-建构模型-再次分类-融入科技史素材</td><td>观察特征
多种测量
初步调查
实验探究
解释性质与变化
再次分类
阅读科技史</td><td>看一看
量一量
查一查
实验探究
说一说
分一分
读一读</td></tr>
<tr><td rowspan="2">物质的变化与化学反应</td><td rowspan="2">1. 物质的三态变化物质的溶解和溶液；
2. 物质变化的特征；
3. 化学反应遵守质量守恒定律。</td><td>低段</td><td>创设情境-组织活动-展开交流</td><td rowspan="2">结合学生日常生活经验，开展观察实验活动，引导学生真切感受身边发生的物质变化，激发学习兴趣。</td><td>观察实验
描述现象
简单分类</td><td>看一看
说一说
分一分</td></tr>
<tr><td>中高段</td><td>创设情境-组织活动-展开交流-实验探究</td><td>观察实验
描述现象
归纳概括
探究对比
设计方案</td><td>看一看
说一说
归纳概括
比一比
设计方案</td></tr>
<tr><td rowspan="2">物质的运动与相互作用</td><td rowspan="2">1. 力是改变物体运动状态的原因；
2. 电磁相互作用；
3. 声音与光的传播。</td><td>低段</td><td>创设情境-组织活动-探究体会</td><td rowspan="2">结合物体的特征综合观察，引导学生在观察、实验中构建力的科学知识，调动学生学习积极性。</td><td>举例说明
简单区分
初步体验</td><td>说一说
分一分
做一做</td></tr>
<tr><td>中高段</td><td>创设情境-实验探究-归纳小结</td><td>举例说明
简单分类
解释原理和现象
实验探究</td><td>说一说
分一分
分析、交流
实验探究</td></tr>
</table>

续　表

主题	学科要素	学段	环节的把控	情境的创设：激童趣	内容的组织：促童思	方式的指引：启童智
生命系统的构成层次	1. 生物具有区别于非生物的特征； 2. 地球上存在动物、植物、微生物等不同类型的生物； 3. 细胞是生物体结构与生命活动的基本单位； 4. 生物体具有一定的结构层次； 5. 人体由多个系统组成； 6. 生态系统由生物与非生物环境共同组成。	低段	创设情境-组织活动-体会交流	创造直观情境，引导学生去观察、发现科学知识。	初步认识 识别感官 简单描述 比较异同	看一看 说一说 比一比
		中高段	创设情境-实验探究-设计方案-查阅交流		比较异同 说出特征 描述器官 初步分类 设计方案 查阅资料	比一比 说一说 分一分 设计方案 查一查
生物体的稳态与调节	1. 植物能通过制造和获取养分来维持自身的生存； 2. 人和动物通过获取其他生物的养分来维持生存； 3. 人体通过一定的调节机制保持稳态。	低段	创设情境-观察记录-描述条件	创设真实的生产生活情境，开展基于实验的探究活动，引发学生认知冲突或者好奇心，激发学生求知欲。	初步感知 初步分析 初步比较 简单描述	看一看 说一说 比一比
		中高段	创设情境-实验探究-认识功能-设计实验-交流讨论		举例说明 认识功能 比较差异 设计方案 搜集证据	说一说 分析归纳 比一比 设计方案 搜一搜
宇宙中的地球	1. 地球是一颗行星； 2. 地球绕地轴自转； 3. 地球围绕太	低段	创设情境-组织活动-交流分享	长期观察自然现象的周期变化，学习科学的观察与记录。	描述变化 举例说明 初步辨认 初步分享 初步交流	说一说 辨一辨 分享会

续 表

主题	学科要素	学段	环节的把控	情境的创设：激童趣	内容的组织：促童思	方式的指引：启童智
	阳公转； 4. 月球是地球的卫星； 5. 地球所处的宇宙环境； 6. 太空探索拓展了人类对宇宙的认知。	中高段	创设情境-模拟实验-认识功能-设计实验-交流讨论		知道关系 说出概况 制订计划 实验探究 观察归纳	说一说 制订计划 实验探究 归纳小结
地球系统	1. 天气和气候； 2. 水循环； 3. 岩石和土壤； 4. 地球内部圈层； 5. 地壳运动。	低段	创设情境-简单观测-项目研究	重视生活体验，运用真实情境，引导学生亲身实践、感受。	说出变化 知道影响 交流结果	看一看 说一说 画一画
		中高段	创设情境-简单观测-实验探究-简单制作-项目研究		读懂预报 说出概况 解释成因 了解类型 建立联系 使用仪器 实验探究	读一读 说一说 想一想 学一学 实验探究
人类活动与环境	1. 自然资源； 2. 自然灾害； 3. 人类活动对环境的影响。	低段	创设情境-搜集资料-分享交流	创设真实情境，引导学生亲身参与、实地调查等，认识当代面临的资源与环境问题。	观察生活 认识地球 搜集信息	看一看 说一说 找一找
		中高段	创设情境-实地调查-项目研究-科普剧		设计调查 分析交流 提出方案 项目研究	看一看 查一查 说一说 项目研究
技术、工程与社会	1. 技术与工程创造了人造物，技术的核心是发明，工程的核心是建造； 2. 技术与工程改变了人们的生产和生活； 3. 科学、技术、工程相互影响与促进。	低段	简单观察-初步调查-项目研究-科普剧	创设形式多样的活动体验情境，引导学生参与操作活动，培养学生解决实际问题的能力。	实践操作 简单交流 简单制作	看一看 查一查 做一做 说一说 演一演
		中高段	初步观察-初步归纳-简单调查-操作实践-项目研究-科普剧		实践操作 归纳特征 说出原理 简化模型	看一看 查一查 做一做 说一说 演一演

续 表

主题	学科要素	学段	环节的把控	情境的创设:激童趣	内容的组织:促童思	方式的指引:启童智
工程设计与物化	1. 工程需要定义和界定; 2. 工程的关键是设计; 3. 工程是设计方案物化的结果。	低段	创设情境-项目研究	创设符合学生年龄特点的真实情境,引导学生通过亲身体验发展实践能力和创新能力。	简单描述 简单设计	说一说 画一画
		中高段	创设情境-项目研究		提出问题 设计方案 交流分析 改进方案	想一想 说一说 设计方案 改进方案

六、音乐学科教学大纲

2022年新课程标准颁布,将音乐、美术等学科统称为艺术学科。音乐学科课程内容包括“欣赏”“表现”“创造”和“联系”4类艺术实践。小学音乐通过年龄段分为低段(1—2年级)及中高段(3—5年级)。学生通过学习观察自然、了解社会、感悟人生,探究、体验、领会艺术的魅力。根据童心教育理念,音乐学科教研室以新课标为准,制定了以下教学大纲。见表4-6。

表4-6 基于童心教育理念的音乐教学大纲

主题	学科要素	学段	环节的把控	情境的创设:激童趣	内容的组织:促童思	方式的指引:启童智
1. 大自然的声音; 2. 动物相关音乐; 3. 节日相关音乐; 4. 爱国主题相关音乐。	趣味唱游	低段	听歌曲-唱歌曲-综合表演	以歌曲背景创设相应情境。	感知歌曲情绪 体验歌曲节拍 哼唱歌曲旋律 朗读歌词 歌词填唱 创编合适的动作与造型 综合表演	听一听 说一说 唱一唱 编一编 演一演
	聆听音乐		听音乐-想情境-综合表演	以歌/乐曲背景创设相应情境。	感知歌/乐曲情绪 联想歌/乐曲表现的音乐形象与情景 哼唱歌/乐曲旋律 创编适合的动作与造型 综合表演	听一听 说一说 哼一哼 编一编 演一演

续 表

主题	学科要素	学段	环节的把控	情境的创设：激童趣	内容的组织：促童思	方式的指引：启童智
	情景表演		看情境-思表演-选道具-综合表演	以童谣/诗词/童话故事/生活场景等创设相应情境。	相应情境导入 讨论合适的表演方式 选取合适的表演道具 按小组/分批次进行演出排练 正式表演	看一看 想一想 选一选 排一排 演一演
	发现身边的音乐		看情景-思道具-综合表演	以自然界/生活中等不同场景的声音视频作导入，引发学生思考。	相应情景导入 讨论与交流情景中的声音 用嘴巴模仿相应的声音 聆听表演流程 小组讨论运用合适的乐器发出相应的声音 小组排练 分组展示	看一看 说一说 学一学 听一听 想一想 排一排 演一演
1. 四季的音乐； 2. 劳动相关音乐； 3. 中华民族音乐风格； 4. 国外传统音乐风格。	听赏与评述	中高段	听音乐-思变化-综合表演	以歌/乐曲的背景资料作为导入，创设相应情境。	背景导入 聆听与思考歌/乐曲的情绪与节拍 声势律动感知节拍 哼唱主题旋律 按段落聆听感知情绪、速度或节拍等音乐要素的变化 以肢体动作、乐器伴奏或其他方式表现不同乐段 综合表演	看一看 听一听 拍一拍 哼一哼 做一做 演一演
	独唱与合作演唱		听歌曲-分步学唱-歌曲表演	以歌曲的背景资料作为导入，创设相应情境。	背景导入 聆听与思考歌曲情绪与节拍 声势律动感知节拍	看一看 听一听 拍一拍 哼一哼 读一读

续 表

主题	学科要素	学段	环节的把控	情境的创设：激童趣	内容的组织：促童思	方式的指引：启童智
					哼唱乐谱 朗读歌词 歌词填唱 分小组合作演唱 歌唱表演	唱一唱 分一分 演一演
	独奏与合作演奏		复习歌/乐曲-创编表演形式-排练-综合表演	以复习已学歌/乐曲作为导入。	复习已学歌/乐曲 选取合适的乐器 创编合适的节奏 按小组分配表演角色并排练 综合表演	复习 选一选 创一创 排一排 演一演
	编创与展示		复习歌/乐曲-创编表演形式-排练-综合表演	以复习已学歌/乐曲作为导入。	复习已学歌/乐曲 思考符合音乐特点的声势律动及舞蹈动作 按小组根据老师讲述的故事进行编创表演 排练 综合表演	复习 想一想 排一排 演一演
	小型歌舞剧表演		欣赏视频-学学动作-引入已学内容-综合表演	以课堂内容相关联的舞蹈/戏剧表演作为导入。	欣赏舞蹈/戏剧表演 了解其表现形式与动作特点 以动作模仿等方式感知表现形式 将所学内容运用到相应已学歌/乐曲中 小组排练 综合表演	看一看 说一说 学一学 想一想 排一排 演一演
	探索生活中的音乐		看情景-思道具-综合表演	以自然界/生活中等不同场景的声音视频作导入，引发学生思考。	相应情景导入 讨论与交流情景中的声音 用嘴巴模仿相应的声音 聆听表演流程	看一看 说一说 学一学 听一听 想一想 排一排

续　表

主题	学科要素	学段	环节的把控	情境的创设：激童趣	内容的组织：促童思	方式的指引：启童智
					小组讨论运用合适的乐器发出相应的声音 小组排练 分组展示	演一演

七、体育学科教学大纲

义务教育体育与健康课程标准的颁布，将体育教学内容进行了一次大洗牌。课程名称也从之前的《体育与健身》改为了《体育与健康》，更加注重学生通过体育与健康课程的学习逐步形成正确的价值观，必备品格和关键能力。通过体育与健康课程的学习，掌握与运用体能和运动技能，提高运动能力，学会运用健康与安全的知识和技能，形成健康的生活方式，积极参与体育活动，养成良好的体育品德。根据童心教育理念，体育学科教研室以新课标及体育学科的基本要求为依据，对体育与健康课程内容进行梳理，架构出以下大纲。见表 4－7。

表 4－7　基于童心教育理念的体育教学大纲

主题	学科要素	学段	环节的把控	情境的创设：激童趣	内容的组织：促童思	方式的指引：启童智
基本运动技能	1. 移动性技能 2. 非移动性技能 3. 操控性技能	低段	增趣促学-活化学练-放松恢复	利用主题情景、角色扮演等形式导入教学，吸引学生兴趣。	梳理具体内容和练习方法； 亲身感受和体验各种变化。	游戏体验 展示交流 拓展比赛
健康教育	1. 健康行为与生活方式 2. 生长发育与青春期保健 3. 心理健康 4. 疾病预防与突发公共卫生事件应对 5. 安全应急与避险	低段	问题导入-情景演练-游戏问答-总结评价	借用图片或视频故事引出问题，在游戏中了解知识，激发学生学习兴趣。	体会适量饮水的重要性； 体育锻炼有益健康； 梳理保护视力的方法。	游戏体验 展示评价
		中高段	情境导入-教学新授-分组讨论-展示评价	借用图片或视频故事引出问题，创设情境，角色扮演，在游	罗列健康的行为和生活方式； 明晰识别和表达情绪的正确	游戏体验 合作交流 展示评价

续　表

主题	学科要素	学段	环节的把控	情境的创设：激童趣	内容的组织：促童思	方式的指引：启童智
				戏中了解知识，激发学生学习兴趣	方式； 尝试与他人沟通。	
跨学科主题学习	1. 体育与德育 2. 体育与智育 3. 体育与美育 4. 体育与劳动教育 5. 体育与国防教育	低段	情景演练-尝试体验-引出问题-展示评价	结合现实生活，创设不同主题情境，角色扮演，激发兴趣。	说清德智体美劳与体育的关系； 描述自己的身体形态和生理机能。	阅读演说 观察绘画 游戏体验
		中高段	主题导入-角色扮演-发现问题-展示评价	结合现实生活，创设不同主题情境，角色扮演，激发兴趣。	说清发展体能的作用； 感受主动锻炼和关注健康的快乐。	生活观察 知识探究 游戏体验 辩论评价
体能	1. 心肺耐力 2. 肌肉力量 3. 肌肉耐力 4. 柔韧性 5. 反应能力 6. 位移速度 7. 协调性 8. 灵敏性 9. 爆发力 10. 平衡能力	中高段	激趣导学-增趣促学-活化学练-展示比赛	设置不同主题挑战，任务驱动，游戏强化练习，提高学练兴趣。	梳理身体成分的基础知识； 体验多种练习方法。	游戏强化 展示比赛 合作评价
专项运动技能	1. 球类运动 2. 田径类运动 3. 体操类运动 4. 水上或冰雪类运动 5. 中华传统体育类运动 6. 新兴体育类运动	中高段	情境导入-教学新授-游戏比赛-展示评价	借用体育明星，各类赛事视频导入教学，激发学生学习兴趣。	梳理球类、田径类、体操类、水上或冰雪类、中华传统体育类和新兴体育类运动的基础知识； 实操各类运动基本技能； 模拟技战术运用、规则与裁判方法、观赏与评价。	观察思考 讨论交流 游戏比赛 展示交流 合作评价

八、美术学科教学大纲

上海教育出版社小学美术教材以“让美术走进生活”为出发点，设计了两条主线，一条为美术知识技能线，一条为人文生活线，把美术知识技能与学生自身生活经验有机结合。通过美术学习的过程，激发学习的兴趣。但随着新时代背景下双新理念的提出，“新课标”无疑是对“老教材”的考验。基于对课程标准的理解，对于具体的学习任务与内容要求要体现核心素养在教学过程中的落实，美术组以新课程标准和小学美术学科基本要求为依据，对教材进行了梳理与整合，把美术学科知识技能变为育人的载体，以落实核心素养、践行童心教育理念为主线，引导学生参与艺术活动，在以艺术体验为核心的多样化实践中，提高艺术素养和创造能力。基于此，美术学科教研室对美术学科教学大纲进行架构。见表 4－8。

表 4－8　基于童心教育理念的美术教学大纲

主题	学科要素	学段	环节的把控	情境的创设：激童趣	内容的组织：促童思	方式的指引：启童智
绘画	1. 造型元素； 2. 形式原理； 3. 探索绘画工具与材料。	低段	情境导入-教学新授-创意表现-展示评价	借用图片与视频资源创设故事情境，导入教学，激发学习兴趣。	体会线条造型与色彩表现 拼贴纸材与学会纸版印刷 构思创意	游戏体验 讨论交流 创意表达
		中高段	情境导入-教学新授-艺术实践-展示评价	通过谈话、比较、实物展示等导入方法，激发学习兴趣。	体会线条造型与色彩表现 组织纸材拼贴与纸板印刷 引导构思创作	观察讨论 感受交流 写生实践
雕塑	1. 明白雕塑材料的特性； 2. 捏塑造型； 3. 组合形体。	低段	情境导入-教学新授-创意表现-展示评价	借用图片与视频资源创设故事情境，导入教学，激发学习兴趣。	梳理雕塑技法 学会构思表现	欣赏交流 塑造表现
		中高段	情境导入-教学新授-构思表现-展示评价	通过谈话、比较、实物展示等导入方法，激发学习兴趣。		交流尝试 合作交流

续　表

主题	学科要素	学段	环节的把控	情境的创设：激童趣	内容的组织：促童思	方式的指引：启童智
工艺	1. 了解民间工艺的特点与内涵； 2. 了解民间工艺加工的过程与方法。	低段	情境导入-教学新授-尝试体验-展示评价	借用图片与视频资源创设人文艺术情境，导入教学，激发学习兴趣。	说清材料应用 展示工艺表现	观察比较 尝试体验
		中高段	情境导入-教学新授-尝试体验-展示评价	借用图片与视频资源创设人文艺术情境，导入教学，激发学习兴趣。		观察比较 尝试体验
设计	1. 明白设计要素与设计原理； 2. 学会装饰美化物品。	低段	情境导入-教学新授-创意制作-展示评价	结合现实生活，设置情境，提出问题，创设任务情境，激发学习兴趣。	设计图形、文字、版式 根据结构与功能选择材料设计立体物	观察探索 设计表现
		中高段	情境导入-教学新授-创意制作-展示评价	通过讨论、观察、交流等方法提出问题，创设任务情境，激发学习兴趣。		欣赏交流 创意制作
欣赏的内容与方法	1. 学会欣赏身边的美 2. 了解中外美术作品，欣赏的过程与步骤，并表达个人观点。	低段	情境导入-教学新授-尝试表现-展示评价	借用图片与视频资源创设人文艺术情境，激发学习兴趣。	说说中国美术作品 感受自然、生活中的景和物 梳理描述、分析、解释、评价的方法	观察思考 讨论交流 创意表达
		中高段	情境导入-教学新授-艺术实践-展示评价	通过图片赏析的艺术人文情境，了解教学内容，导入教学，激发学习兴趣。		认识了解 欣赏感受 尝试表现

第五章

基于童心的课堂心理环境

第一节 课堂心理环境建设的研究现状

近年来，学校心理环境日益受到研究者和教育实践者的关注。美国教育部和疾控中心、世界卫生组织、经济合作与发展组织、联合国教科文组织等机构都将学校心理环境的建设及其改善作为促进学生健康，增进学生与学校的联结，防止辍学和改进学校质量的“重要书”。

在中国基础教育质量监测协同创新中心专项书和国家科技基础重点专项等资助下，北京师范大学中国基础教育质量监测协同创新中心多所高校及研究院共同努力，于 2014 年完成了我国第一个具有良好全国代表性的学校积极心理环境指数体系,研制出适用全国监测的工具,重点评估在学校中保证儿童身心健康的积极心理环境特点,为基础教育质量监测和提升提供新的支撑。部分研究成果显示:通过建立具有良好信效度的学校水平学校积极心理环境指数,解释了学校心理环境对中国儿童青少年学业成就、学习动机和态度、自我概念、问题行为等重要心理特点发展的影响作用及不同层级因素的中介和调节作用。研究结果对扩展学校心理环境的研究角度,在基础教育质量评价中开展学校层面的心理环境评估具有重要意义。

积极的课堂心理环境有利于保护童心,对学生的认知、态度、情感和心智健康成长具有重要而深远的意义。学校中的心理环境对学生的发展和学习具有广泛的影响,传统上,学校的心理环境可以分为两个层面,一是学校层面,二是在班级或者课堂层面。学校是学生赖以生长和发展,并不断走向社会化的"土壤",课堂活动则是他们生长和发展过程中不可或缺的"营养",而对学生的心理品质的形成和发展起着重要作用的课堂环境,尤其是积极课堂心理环境则是必不可少的"阳光和雨露"。

课堂心理环境是指课堂参与者(教师与学生)的人格特征、心理状态和课堂心理氛围等,包括师生关系、师生互动、学生情绪等,是影响学生学习活动和身心发展的重要因素。课堂心理环境建设就是要保护童心,把"童心"还给课堂,使课堂成为学生有"梦想"的地方。教育家蒙台梭利认为:"教育的基本问题,不是教什么和学什么的问题,而是建立成人和儿童之间的关系问题。"因此,本书的初衷和目标是建设基于童心的课堂心理环境,从保护、唤醒儿童的好奇心、求知欲、创造力等出发,促使课堂参与者(教师与学生)的人格特征、心理状态和课堂心理氛围向善、向上、积极,从而建立和谐的师生关系、创设良性的师生互动,调动学生的积极情绪,促进学生心智健康成长。

课堂心理环境是学生对课堂教学环境的知觉,尤其是对课堂教学过程中师生之间、学生之间感情的相互影响以及人际关系的知觉,由教师、学生和教学媒介共同作用形成的,对课堂教学具有实际影响的所有心理环境因素。课堂教学效果的好坏,不只是取决于学生对知识和经验的理解和掌握,还取决于学生对课堂情境下心理环境的体验,每一个教师都有责任和义务为学生营造一个愉快、合作、共振的心理环境。师生关系往往决定课堂心理环境的方向,教师应以平等、公正的态度对待学生,以民主的方式指导和组织课堂教学,充分肯定学生的正确行为,谅解学生的错误;禁止一切有损学生自尊和人格的言行;尤其要注意为学生平等地提供成功的机会,让每个学生都能愉快而高效地接受教育;学生之间的关系也相当重要，教师应当有意识地提供机会增进同学间的交流，尤其要特别关心班级中遭孤立的学生，帮助他们改变不利于人际吸引的个性特征，引导全班同学主动接近他们，通过增进相互了解，改善他们的心理状态。

目前国内在课堂心理环境这一问题的研究上，一是主要探讨它的作用、制约因素和建设措施等。二是研究的角度是从课程的教学需要出发，把建设措施建立在某些层面上，如设定在教学方法、教学目标、教学情景、教学艺术和教学心理等因素。

国内外研究成果及其评述对我们的启发是：保持“童心”，是 6—12 岁孩子心理发展的需求，正是我校孩子心理发展的需求。积极课堂心理环境对学生的心智健康成长起着决定性的作用，自然也有利于保护童心。

第二节　影响童心的课堂心理环境因素

课堂心理环境是影响学生学习活动和身心发展的重要因素。课堂心理环境建设就是要把“童心”还给课堂，使课堂成为学生有“梦想”的地方。在第三章分析儿童童心现状与发展趋势的基础上，本章拟探索影响儿童童心的课堂心理环境因素，揭示基于童心的课堂心理环境的构成要素，建立相应的评价指标。通过激发学生的“好奇心、求知欲、创造力”，打造具有“愉悦、和谐、安全、公平”的课堂心理环境，形成有良性师生互动和和谐师生关系的课堂氛围，促进儿童积极学习心理品质的发展。

在课堂心理环境中，教一学互动、学生特征和班级组织特征共同对儿童的童心产生影响。其中，“教一学互动”的比重较大，教师与学生互动而产生的学生对教师的感知占据重要的影响地位，据此，本书提出影响童心的课堂心理环境模型图，如图 5 - 1 所示。

根据课堂心理环境在教师与学生互动中的具体表现，课堂心理环境具体操作化为教师期望知觉、教师自主支持、课堂公平感知、学业情绪、班级环境。具体影响因素如图 5 - 2 所示。

具体而言，“教一学互动”是学生与教师在教与学的互动过程中产生的感知觉，包括教师期望知觉、教师支持感知、课堂公平感知；学生特征主要以教与学互动过程产生的学业情绪为主要的表现方式；组织结构主要通过班级环境进行量化。本书将探索影响童心的课堂心理环境因素，进一步为建设基于童心的课堂心理环境提供数据实证支持。

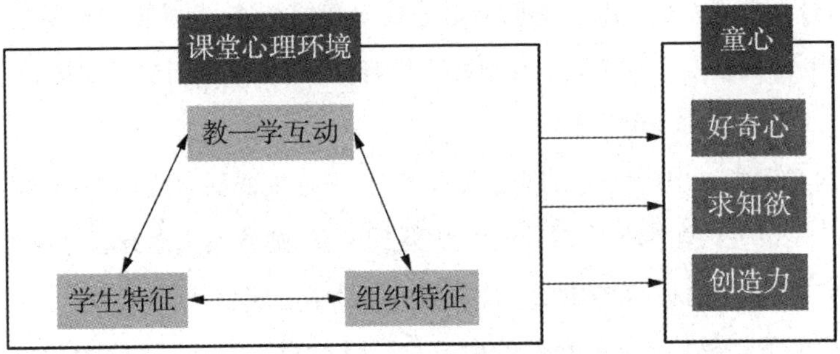

图 5-1　课堂心理环境影响儿童童心发展的模型图

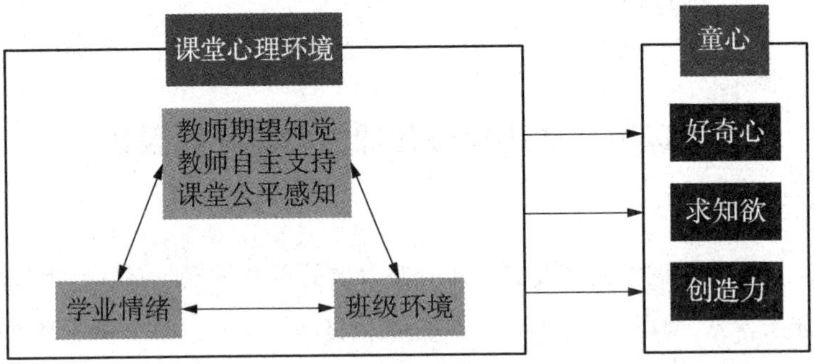

图 5-2　课堂心理环境具体因素影响儿童童心发展的模型图

一、教—学互动对儿童童心的影响

本书将依次从教师期望知觉、教师自主支持、课堂公平感知三个感知觉因素着手，分析小学课堂心理环境中的"教—学互动"对儿童童心的影响。小学儿童进入学龄期，从以家庭为主逐渐转入以学校为主要活动的场所，他们对与其朝夕相处的老师产生了比较强烈的依赖和需要，教师逐渐成为生活中的重要他人，教师与学生在课堂中的互动而产生的学生对教师的感知对小学儿童的童心具有重要的影响。

(一) 教师期望知觉对儿童童心的影响

教师期望知觉是学生感知到的教师对自己的期望。小学阶段是为一生的学习活动奠定基础知识和学习能力的时期，是心理发展的一个重要阶段，这时的重要他人开始由父母转向了朝夕相处的老师，小学阶段是教师期望的最佳适应期。小学生从家庭进入学校这个群体，会对与他们朝夕相处的老师产生强烈的依赖和需要。教师的期望对学生来说尤其重要，学生通过教师的期望形成对自我的认识，一旦学生感觉不到教师对自我的期望，就会迷失自我、怀疑自我，对学习和生活产生担忧、无助、恐慌、不确定感，对学习产生畏惧和无力感，在作业中缺乏动力。长此以往，学生会消极、绝望、对学习缺乏热情、兴趣和信心，导致成绩退步。早期心理学家发现"教师期望效应"，也叫"罗森塔尔效应"或"皮格马利翁效应"，是指由教师对不同水平的学生产生不同的期望值，从而影响学生的自我期望、自我认识、学业成绩等。掌握教师期望的正确传递形式和艺术是教育过程中一个巨大的资源，帮助学生建立良好的自我期望，促进学生童心的良性发展。

在本书中，运用研究者张光伟(2009)编制的《教师期望知觉量表》测量小学儿童感知到的教师对自己的期望水平，包括15个题目，分为情感支持(例如，"老师常常关心我")、教学互动(例如，"老师在学业上对我的要求比对大多数同学的要求高")和学业反馈(例如，"老师常常认真仔细地批改我的作业")三个维度。该量表运用5点评分，其中，1＝完全不符合，5＝完全符合，量表的内部一致性系数为0.79。本书首先对教师期望知觉进行性别和年级差异分析，然后通过回归分析重点探索教师期望知觉对儿童童心的影响。

1. 儿童教师期望知觉与童心的相关分析

为了研究课堂心理环境中的"教—学互动"对小学生童心的影响，首先运用Pearson相关分析教师期望知觉与童心及其三个维度之间的相关性大小，如表5-1所示，教师期望知觉与童心及其三个维度之间均呈显著正相关关系。

表5-1　教师期望知觉与童心及其维度的Pearson相关分析

变量	1	2	3	4	5
1. 教师期望知觉	1				
2. 童心	0.46***	1			
3. 好奇心	0.34***	0.79***	1		
4. 求知欲	0.41***	0.87***	0.45***	1	
5. 创造力	0.41***	0.87***	0.61***	0.65***	1

注：*** 代表显著性 p 小于0.001。

2. 儿童教师期望知觉的基本特征差异分析

(1) 小学儿童教师期望知觉的性别差异

本次调查中,教师期望知觉问卷采用5点评分。对不同性别儿童的教师期望知觉进行分析,从表5-2可知,育童小学的男生在教师期望知觉总分上的平均分为4.00,女生的平均分为4.08,统计检验发现,男生显著低于女生,统计值为$t=-2.21, p<0.05$。其中,男生在情感支持维度上的平均分为4.42,女生的平均分为4.53,统计检验发现,男生显著低于女生,统计值为$t=-2.50, p<0.05$;男生在学业反馈维度上的平均分为4.44,女生的平均分为4.52,性别存在边缘显著性差异,男生较低于女生;在教学互动维度上不存在显著的性别差异。

表5-2 不同性别儿童教师期望知觉的平均数差异检验

指标	类别	样本量	平均值	标准差	t
教师期望知觉	男	488	4.00	0.55	-2.21^{*}
	女	412	4.08	0.50	
情感支持	男	488	4.42	0.73	-2.50^{*}
	女	412	4.53	0.59	
教学互动	男	488	3.37	0.80	−0.86
	女	412	3.41	0.77	
学业反馈	男	488	4.44	0.73	$-1.80^{\dagger}$
	女	412	4.52	0.68	

注:†代表显著性p小于0.1;*代表显著性p小于0.05。

(2) 小学儿童教师期望知觉的年级差异

对不同年级儿童感知到的教师期望进行差异分析,从表5-3可知,育童小学各年级儿童在教师期望知觉总分不存在显著的总体年级差异($p>0.05$)。在情感支持子维度存在显著的年级差异($p<0.01$),其中,一年级感知到的情感支持显著高于三年级和五年级;在教学互动子维度也存在显著的年级差异($p<0.05$),一年级感知到的教学互动显著低于三年级和五年级;同时,在学业反馈子维度存在显著的年级差异($p<0.001$),一年级感知到的学业反馈显著高于三年级和五年级。

表 5-3　不同年级儿童教师期望知觉的平均数差异检验

指标	类别	样本量	平均值	标准差	F
教师期望知觉	一年级	197	4.03	0.43	1.52
	二年级	195	4.10	0.44	
	三年级	164	3.97	0.61	
	四年级	184	4.05	0.59	
	五年级	160	4.03	0.58	
情感支持	一年级	197	4.53	0.57	4.26^{**} 1>3(**) 1>5(*)
	二年级	195	4.58	0.54	
	三年级	164	4.33	0.80	
	四年级	184	4.49	0.73	
	五年级	160	4.38	0.69	
教学互动	一年级	197	3.24	0.71	2.82^{*} 1<3(*) 1<5(**)
	二年级	195	3.39	0.76	
	三年级	164	3.45	0.83	
	四年级	184	3.39	0.84	
	五年级	160	3.50	0.80	
学业反馈	一年级	197	4.60	0.57	6.49^{***} 1>3(***) 1>5(**)
	二年级	195	4.59	0.64	
	三年级	164	4.29	0.82	
	四年级	184	4.47	0.72	
	五年级	160	4.38	0.74	

注：* 代表显著性 p 小于 0.05；** 代表显著性 p 小于 0.01；*** 代表显著性 p 小于 0.001。

3. 儿童教师期望知觉对儿童童心的回归分析

本书采用回归分析分析儿童感知到的教师期望对其童心的影响，分别从好奇心、求知欲和创造力三个指标进行分析，然后对童心总的预测力进行探索。

(1) 儿童教师期望知觉对好奇心的影响

运用回归分析探索育童小学儿童教师期望知觉对好奇心的影响，从表 5-4 可知，教师期望知觉显著正向预测儿童的好奇心，预测值为 0.34，也就是说，儿童感知到的教师期望越多，儿童的好奇心就会相应地增高。具体而言，儿童感知到的教师期望每增加一个单位，平均而言，其好奇心将增加 0.34 个单位。

表 5－4　教师期望知觉对小学儿童好奇心的回归分析

自变量	因变量	R^2	F	预测值	t
教师期望知觉	好奇心	0.12	116.59	0.34	10.80***

注：*** 代表显著性 p 小于 0.001。

(2) 儿童教师期望知觉对求知欲的影响

运用回归分析探索小学儿童教师期望知觉对求知欲的影响，从表 5－5 可知，教师期望知觉显著正向预测儿童的求知欲，预测值为 0.41，也就是说，儿童感知到的教师期望越多，儿童的求知欲就会相应地增高。具体而言，儿童感知到的教师期望每增加一个单位，平均而言，其求知欲将增加 0.41 个单位。

表 5－5　教师期望知觉对小学儿童求知欲的回归分析

自变量	因变量	R^2	F	预测值	t
教师期望知觉	求知欲	0.17	183.23	0.41	13.54***

注：*** 代表显著性 p 小于 0.001。

(3) 儿童教师期望知觉对创造力的影响

运用回归分析探索小学儿童教师期望知觉对创造力的影响，从表 5－6 可知，教师期望知觉显著正向预测儿童的创造力总分，预测值为 0.41，也就是说，儿童感知到的教师期望越多，儿童的创造力就会相应地越高。具体而言，儿童感知到的教师期望每增加一个单位，平均而言，其创造力将增加 0.41 个单位。

表 5－6　教师期望知觉对小学儿童创造力的回归分析

自变量	因变量	R^2	F	预测值	t
教师期望知觉	创造力	0.17	185.77	0.41	13.63***
	创造性人格	0.11	119.88	0.34	10.95***
	冒险性	0.12	124.33	0.35	11.15***
	不畏挑战	0.02	15.53	0.13	3.94***

续　表

自变量	因变量	R^2	F	预测值	t
	情感充沛	0.08	72.93	0.27	8.54***
	创造性思维	0.17	179.97	0.41	13.42***
	思维流畅	0.13	134.49	0.36	11.60***
	思维灵活	0.15	157.04	0.39	12.53***
	思维独特	0.05	50.95	0.23	7.14***
	思维精致	0.19	205.96	0.43	14.35***

注：*** 代表显著性 p 小于 0.001。

就教师期望知觉对创造力的二级和三级指标的影响而言，教师期望知觉显著正向预测儿童的创造力人格，预测值为 0.34，具体而言，儿童感知到的教师期望每增加一个单位，平均而言，其创造力人格将提升 0.34 个单位；教师期望知觉对冒险性、不畏挑战和情感充沛的正向预测力分别是 0.35、0.13、0.27。同时，教师期望知觉显著正向预测儿童的创造力思维，预测值为 0.41，具体而言，儿童感知到的教师期望每增加一个单位，平均而言，其创造力人格将提升 0.41 个单位；教师期望知觉对思维流畅、思维灵活、思维独特和思维精致的正向预测力分别是 0.36、0.39、0.23、0.43，具体如表 5－6 所示。

（4）儿童教师期望知觉对童心的影响

运用回归分析探索小学儿童教师期望知觉对童心的影响，结果发现，教师期望知觉显著正向预测儿童的童心，预测系数为 0.46，R^2＝0.21，$F_{(1,898)}$＝240.38。也就是说，儿童感知到的教师期望越多，儿童的童心就会相应地增高。具体而言，儿童感知到的教师期望每增加一个单位，平均而言，其童心将增加 0.46 个单位，如图 5－3 所示。

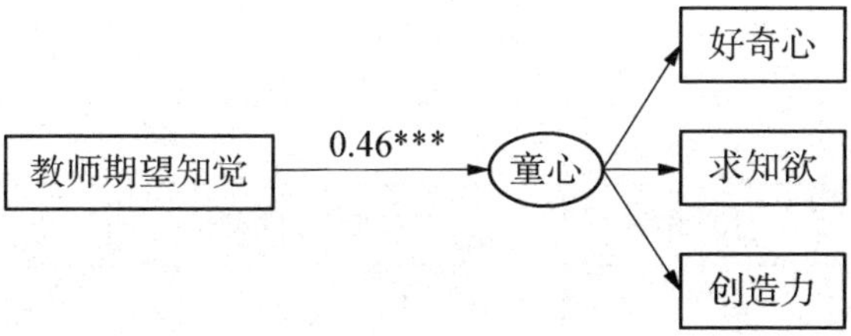

图 5－3　儿童教师期望知觉预测童心的模型图

(二) 教师自主支持对儿童童心的影响

自主支持指的是人们对于他人自主性的支持行为，它是自我决定理论中的一个重要概念，是会影响到个体心理机能发挥的重要环境因素。教师自主支持在培养学生自主性和激发学生学习潜能的过程中起着主要的作用。对于教师自主支持概念的界定可以从两个角度进行：

第一，教师的角度。基于自我决定理论，研究者们认为教师自主支持是指出于权威位置上的教师能接纳学生的观点，共情学生的感受，深入掌握学生对问题的理解，为学生提供信息和选择，尽量不用强制和控制等方法。

第二，学生的角度。研究者将学生感知到的教师自主支持界定为：学生相信老师支持他们的自主性动机、为他们提供选择的机会、支持他们独立解决问题和做决定、并能理解他们的内心感受、避免压力性的要求。

总的来说，目前多数研究是从学生的角度来界定教师自主支持，本书所考察的教师自主支持也主要是小学生感知到的教师自主性支持。本次调查中，运用研究者威廉姆斯和德西（Williams 和 Deci，1996）编制、刘桂荣（2010）修订的《教师自主支持问卷》，包括 15 个题目，例如，“我的老师相信我能把事情处理好”。该问卷采用 5 点评分，其中，1＝完全不同意，5＝完全同意，问卷的内部一致性信度系数为 0.91。

1. 教师自主支持与童心的相关分析

采用 Pearson 相关对儿童感知到的教师自主支持与童心及其三个维度之间的关系进行分析，结果如表 5-7 所示，教师自主支持与童心及其三个维度之间均呈显著正相关关系。

表 5-7　教师自主支持与童心及其维度的 Pearson 相关分析

变量	1	2	3	4	5
1. 教师自主支持	1				
2. 童心	0.46***	1			
3. 好奇心	0.38***	0.79***	1		
4. 求知欲	0.39***	0.87***	0.45***	1	
5. 创造力	0.39***	0.87***	0.61***	0.65***	1

注：*** 代表显著性 p 小于 0.001。

2. 儿童感知到的教师自主支持的基本特征差异分析

(1) 儿童感知到的教师自主支持的性别差异

对不同性别儿童的教师自主支持进行分析，从表 5 - 8 可知，小学的男生在教师自主支持总分上的平均分为 4.43，女生的平均分为 4.52，统计检验发现，男生显著低于女生，统计值为 $t=-2.10$，$p<0.05$。

表 5 - 8　不同性别儿童感知到的教师自主支持的平均数差异检验

指标	类别	样本量	平均值	标准差	t
教师自主支持	男	488	4.43	0.64	-2.10^{*}
	女	412	4.52	0.57	

注：* 代表显著性 p 小于 0.05。

(2) 儿童感知到的教师自主支持的年级差异

对不同年级儿童感知到的教师自主支持进行差异分析，从表 5 - 9 可知，小学各年级儿童在教师自主支持总分方面存在显著的总体年级差异（$F=3.89$，$p<0.01$）。经事后检验分析（*LSD*）发现，三年级和五年级感知到的教师自主支持得分相对最低，其中，三年级显著低于一年级、二年级和四年级，五年级显著或边缘显著低于一年级、二年级和四年级。

表 5 - 9　不同年级儿童感知到的教师自主支持的平均数差异检验

指标	类别	样本量	平均值	标准差	F
教师自主支持	一年级	197	4.50	0.55	3.89^{**} 3<1(*) 5<1(†) 3<2(**) 5<2(**) 3<4(*) 5<4(†)
	二年级	195	4.57	0.48	
	三年级	164	4.36	0.71	
	四年级	184	4.51	0.69	
	五年级	160	4.39	0.57	

注：† 代表显著性 p 小于 0.1；* 代表显著性 p 小于 0.05；** 代表显著性 p 小于 0.01。

3. 教师自主支持对儿童童心的回归分析

本书采用回归分析分析儿童感知到的教师自主支持对其童心的影响，分别从好奇心、求知欲和创造力三个指标进行分析，然后对童心总的预测力进行探索。

(1) 教师自主支持对小学儿童好奇心的影响

运用回归分析探索教师自主支持对小学儿童好奇心的影响，从表 5 - 10 可知，教师自主支持显著正向预测儿童的好奇心，预测值为 0.38，即儿童感知到的教师自主支持越多，儿童的好奇心就会相应地增高。具体而言，儿童感知到的教师自主支持每增加一个单位，平均而言，其好奇心将增加 0.38 个单位。

表 5 - 10　教师自主支持对小学儿童好奇心的回归分析

自变量	因变量	R^2	F	预测值	t
教师自主支持	好奇心	0.14	148.06	0.38	12.17***

注：*** 代表显著性 p 小于 0.001。

(2) 教师自主支持对儿童求知欲的影响

运用回归分析探索教师自主支持对小学儿童求知欲的影响，从表 5 - 11 可知，教师自主支持显著正向预测儿童的求知欲，预测值为 0.39，即儿童感知到的教师自主支持越多，儿童的求知欲就会相应地增高。具体而言，儿童感知到的教师自主支持每增加一个单位，平均而言，其求知欲将增加 0.39 个单位。

表 5 - 11　教师自主支持对小学儿童求知欲的回归分析

自变量	因变量	R^2	F	预测值	t
教师自主支持	求知欲	0.15	162.95	0.39	12.77***

注：*** 代表显著性 p 小于 0.001。

(3) 教师自主支持对儿童创造力的影响

运用回归分析探索小学儿童教师自主支持知觉对创造力的影响，从表 5 - 12 可知，教师自主支持知觉显著正向预测儿童的创造力总分，预测值为 0.39，即儿童感知到的教师自主支持越多，其创造力就会相应地增高。具体而言，儿童感知到的教师自主支持每增加一个单位，平均而言，其创造力将增加 0.39 个单位。

表 5－12　教师自主支持对小学儿童创造力的回归分析

自变量	因变量	R^2	F	预测值	t
教师自主支持	创造力	0.15	159.89	0.39	12.65***
	创造性人格	0.13	136.43	0.36	11.68***
	冒险性	0.12	121.54	0.35	11.03***
	不畏挑战	0.06	58.32	0.25	7.64***
	情感充沛	0.05	44.08	0.22	6.64***
	创造性思维	0.12	124.60	0.35	11.16***
	思维流畅	0.11	105.34	0.32	10.26***
	思维灵活	0.12	118.14	0.34	10.87***
	思维独特	0.02	18.35	0.14	4.28***
	思维精致	0.16	166.64	0.40	12.91***

注：*** 代表显著性 p 小于 0.001。

就教师自主支持对创造力的二级和三级指标的影响而言，教师自主支持知觉显著正向预测儿童的创造力人格，预测值为 0.36，具体而言，儿童感知到的教师自主支持每增加一个单位，平均而言，其创造力人格将提升 0.36 个单位；教师自主支持对冒险性、不畏挑战和情感充沛的正向预测力分别是 0.35、0.25、0.22。同时，教师自主支持显著正向预测儿童的创造力思维，预测值为 0.35，具体而言，儿童感知到的教师自主支持每增加一个单位，平均而言，其创造力人格将提升 0.35 个单位；教师自主支持对思维流畅、思维灵活、思维独特和思维精致的正向预测力分别是 0.32、0.34、0.14、0.40，具体如表 5－12 所示。

(4) 教师自主支持对儿童童心的影响

运用回归分析探索教师自主支持对小学儿童童心的影响，结果发现，教师自主支持显著正向预测儿童的童心，预测系数为 0.46，$R^2=0.21$，$F_{(1,898)}=236.34$。也就是说，儿童感知到的教师自主支持越多，儿童的童心就会相应地增高。具体而言，儿童感知到的教师自主支持每增加一个单位，平均而言，其童心将增加 0.46 个单位，如图 5－4 所示。

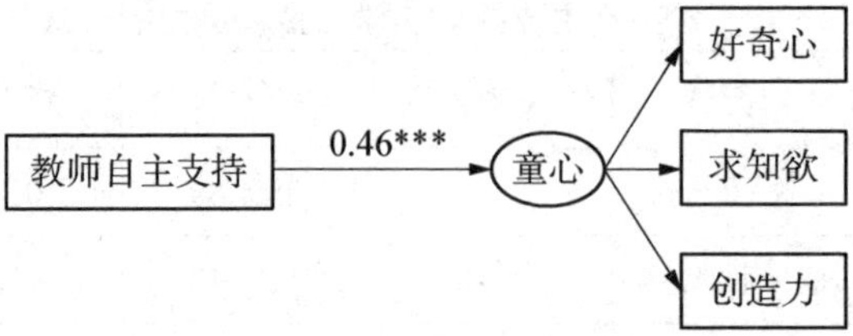

图 5-4　儿童感知到的教师自主支持预测童心的模型图

（三）课堂公平感知对儿童童心的影响

课堂公平指的是在课堂情境中学生所体验到的公平感受，是影响学生态度、行为等的重要因素。当学生认为教师不公平时，他们会觉得与教师的关系也不公平，表现出反社会的方式来恢复公平。学生知觉到的课堂公平与学生的学习动机正相关，不公平感会导致低落、兴趣低等负性情绪。

从心理学视角来说，课堂公平主要包含三个内涵：课堂分配公平、课堂程序公平和课堂互动公平。具体来说，课堂分配公平是指学生在课堂情境中对所得到的结果的公平的感知，这些结果包括成绩、惩罚、提高成绩的机会等。例如，学生会将他们取得的成绩跟自己的期望或者与其他同学的成绩相比较，从而得出课堂分配是否公平的评判；课堂程序公平是指对做出这些分配决定的程序是否公平的感知，例如，成绩的评价方式、作业和考试的安排以及教师组织课堂讨论的方法等；课堂互动公平是指学生对教师与学生的人际处理和沟通的公平性的感知。在教学背景中，互动公平涉及师生之间沟通的礼貌、尊重和开放。学生评价教师的互动公平时涉及教师是否考虑了学生的观点，是否倾听了学生的需要，是否以一种居高临下的态度来对待学生。

课堂公平感知是影响学生的心理和行为的重要因素。本书采用课堂公平感知问卷施测，探究和揭示小学儿童的课堂公平感知的特点、基本特征及其对童心的影响。本次调查中，运用研究者郑意颖（2019）编制的《课堂公平感知问卷》，包括 22 个题目，例如，“每个学生在课堂中拥有同等的发言和表现机会。”该问卷采用 5 点评分，其中，1＝完全不同意，5＝完全同意，问卷的内部一致性信度系数为 0.95。

1. 儿童课堂公平感知与童心的相关分析

采用 Pearson 相关对儿童的课堂公平感知与童心及其三个维度之间的关系进行分析，结果如表 5-13 所示，课堂公平感知与童心及其三个维度之间均呈显著正相关关系。

表 5-13 课堂公平感知与童心及其维度的 Pearson 相关分析

变量	1	2	3	4	5
1. 课堂公平感知	1				
2. 童心	0.38***	1			
3. 好奇心	0.31***	0.79***	1		
4. 求知欲	0.34***	0.87***	0.45***	1	
5. 创造力	0.32***	0.87***	0.61***	0.65***	1

注：*** 代表显著性 p 小于 0.001。

2. 儿童课堂公平感知的基本特征差异分析

(1) 儿童课堂公平感知的性别差异

对不同性别儿童的课堂公平感知进行分析，从表 5-14 可知，小学的男生在教师期望知觉总分上的平均分为 4.53，女生的平均分为 4.60，统计检验发现，男生显著低于女生，统计值为 $t=-2.08$，$p<0.05$。其中，男生在课堂互动公平子维度上的平均分为 4.58，女生的平均分为 4.71，统计检验发现，男生显著低于女生，统计值为 $t=-3.24$，$p<0.001$；在课堂分配公平和课堂秩序公平子维度上不存在显著的性别差异。

表 5-14 不同性别儿童课堂公平感知的平均数差异检验

指标	类别	样本量	平均值	标准差	t
课堂公平感知	男	488	4.53	0.59	−2.08*
	女	412	4.60	0.54	
课堂分配公平	男	488	4.56	0.60	−1.32
	女	412	4.61	0.57	
课堂秩序公平	男	488	4.45	0.67	−1.33
	女	412	4.51	0.64	
课堂互动公平	男	488	4.58	0.66	−3.24***
	女	412	4.71	0.52	

注：* 代表显著性 p 小于 0.05；*** 代表显著性 p 小于 0.001。

(2) 儿童课堂公平感知的年级差异

对不同年级儿童感知到的课堂公平进行差异分析，从表 5-15 可知，小学各年级儿童在课堂公平感知总分不存在显著的总体年级差异($p>0.05$)。在课堂分配公平子维度存在显著的年级差异($p<0.01$)，一年级感知到的课堂分配公平显著高于三年级和五年级；在课堂秩序公平子维度也存在显著的年级差异($p<0.05$)，一年级感知到的课堂秩序公平显著低于三年级和五年级；同时，在课堂互动公平子维度存在显著的年级差异($p<0.001$)，一年级感知到的课堂互动公平显著高于三年级和五年级。

表 5－15　不同年级儿童课堂公平感知的平均数差异检验

指标	类别	样本量	平均值	标准差	F
课堂公平感知	一年级	197	4.58	0.52	4.82^{***} 3<1(*) 3<2(***) 5<2(**) 3<4(**) 5<4(*)
	二年级	195	4.67	0.43	
	三年级	164	4.43	0.67	
	四年级	184	4.61	0.64	
	五年级	160	4.49	0.56	
课堂分配公平	一年级	197	4.59	0.53	2.58^{*} 3<1(†) 3<2(**) 3<4(*) 5<2(*)
	二年级	195	4.65	0.49	
	三年级	164	4.48	0.70	
	四年级	184	4.63	0.63	
	五年级	160	4.53	0.57	
课堂秩序公平	一年级	197	4.48	0.63	5.03^{***} 1<2(†) 3<1(*) 3<2(***) 3<4(***) 5<2(**) 5<4(*)
	二年级	195	4.59	0.52	
	三年级	164	4.32	0.76	
	四年级	184	4.54	0.71	
	五年级	160	4.41	0.63	
课堂互动公平	一年级	197	4.67	0.51	5.06^{***} 3<1(*) 3<2(***) 3<4(*) 5<1(*) 5<2(***) 5<4(†)
	二年级	195	4.77	0.40	
	三年级	164	4.52	0.73	
	四年级	184	4.67	0.69	
	五年级	160	4.54	0.66	

注：† 代表显著性 p 小于 0.1；* 代表显著性 p 小于 0.05；** 代表显著性 p 小于 0.01；*** 代表显著性 p 小于 0.001。

3. 儿童课堂公平感知对儿童童心的回归分析

本书采用回归分析分析儿童感知到的课堂公平对其童心的影响，分别从好奇心、求知欲和创造力三个指标进行分析，然后对童心总的预测力进行探索。

(1) 儿童课堂公平感知对好奇心的影响

运用回归分析探索小学儿童课堂公平感知对好奇心的影响，从表 5-16 可知，课堂公平感知显著正向预测儿童的好奇心，预测值为 0.31，也就是说，儿童感知到的课堂公平越多，儿童的好奇心就会相应地增高。具体而言，儿童感知到的课堂公平每增加一个单位，平均而言，其好奇心将增加 0.31 个单位。

表 5-16 小学儿童课堂公平感知对好奇心的回归分析

自变量	因变量	R^2	F	预测值	t
课堂公平感知	好奇心	0.10	94.56	0.31	9.72***

注：*** 代表显著性 p 小于 0.001。

(2) 儿童课堂公平感知对求知欲的影响

运用回归分析探索小学儿童课堂公平感知对求知欲的影响，从表 5-17 可知，课堂公平感知显著正向预测儿童的求知欲，预测值为 0.34，也就是说，儿童感知到的课堂公平越多，儿童的求知欲就会相应地增高。具体而言，儿童感知到的课堂公平每增加一个单位，平均而言，其求知欲将增加 0.34 个单位。

表 5-17 小学儿童课堂公平感知对求知欲的回归分析

自变量	因变量	R^2	F	预测值	t
课堂公平感知	求知欲	0.12	116.41	0.34	10.79***

注：*** 代表显著性 p 小于 0.001。

(3) 儿童课堂公平感知对创造力的影响

运用回归分析探索小学儿童课堂公平感知对创造力的影响，从表 5-18 可知，课堂公平感知显著正向预测儿童的创造力总分，预测值为 0.32，也就是说，儿童感知到的课堂公平越多，儿童的创造力就会相应地增高。具体而言，儿童感知到的课堂公平每增加一个单位，平均而言，其创造力将增加 0.32 个单位。

就课堂公平感知对创造力的二级和三级指标的影响而言，课堂公平感知显著正向预测儿童的创造力人格，预测值为 0.29，具体而言，儿童感知到的课堂公平每增加一个单位，平均而言，其创造力人格将提升 0.29 个单位；课堂公平感知对冒险性、不畏挑战和情感充沛的正向预测力分别是 0.27、0.18、0.20。同时，课堂公平感知显著正向预测儿童的创造力思维，预测值为 0.29，具体而言，儿童感知到的课堂公平每增加一个单位，平均而言，其创造力人格将提升 0.29 个单位；课堂公平感知对思维流畅、思维灵活、思维独特和思维精致的正向预测力分别是 0.26、0.28、0.12、0.33，具体如表 5 - 18 所示。

表 5 - 18　小学儿童课堂公平感知对创造力的回归分析

自变量	因变量	R^2	F	预测值	t
课堂公平感知	创造力	0.10	99.35	0.32	9.97***
	创造性人格	0.09	83.75	0.29	9.15***
	冒险性	0.07	71.56	0.27	8.46***
	不畏挑战	0.03	28.60	0.18	5.35***
	情感充沛	0.04	36.07	0.20	6.01***
	创造性思维	0.08	79.83	0.29	8.94***
	思维流畅	0.07	63.08	0.26	7.94***
	思维灵活	0.08	74.42	0.28	8.63***
	思维独特	0.02	13.95	0.12	3.74***
	思维精致	0.11	108.17	0.33	10.40***

注：*** 代表显著性 p 小于 0.001。

(4) 儿童课堂公平感知对童心的影响

运用回归分析探索小学儿童课堂公平感知对童心的影响，结果发现，课堂公平感知显著正向预测儿童的童心，预测值为 0.38，$R^2=0.14$，$F_{(1,898)}=151.52$。也就是说，儿童感知到的课堂公平越多，儿童的童心就会相应地增高。具体而言，儿童感知到的课堂公平每增加一个单位，平均而言，其童心将增加 0.38 个单位，如图 5 - 5 所示。

二、学生特征对儿童童心的影响

本书将从学业情绪因素着手，分析小学课堂心理环境中的学生特征对儿童童心的影响。

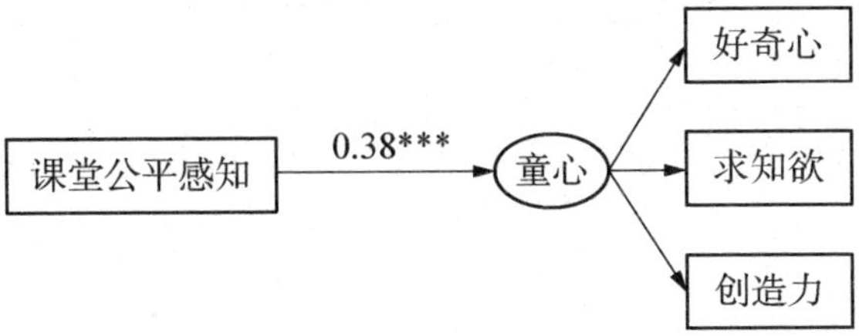

图 5-5　儿童课堂公平感知预测童心的模型图

学业情绪是指在教学或学习过程中，与学生学业活动相关的各种情绪体验，包括在课堂学习活动中和完成作业过程中以及考试期间的情绪体验。我国学者研究表明，学业情绪与学生的学业成绩、自我效能感、动机、心理健康水平等有着显著相关，良好的学业情绪有助于学生顺利开展认知活动，发展创造性，形成积极主动的学习态度，并促进其身心健康发展。不良的学业情绪则会影响学生的持续注意能力，甚至会对学生身心健康发展产生不利影响。

本书中，学业情绪包括积极高唤醒学业情绪、积极低唤醒学业情绪、消极高唤醒学业情绪和消极低唤醒学业情绪四个维度。积极高唤醒学业情绪主要有高兴、骄傲、希望等具体情绪种类；积极低唤醒学业情绪主要有放松、平静和满足等具体情绪种类；消极高唤醒学业情绪包括焦虑、愤怒、羞愧等具体情绪种类；消极低唤醒学业情绪包括厌倦、无助、沮丧、疲乏、心烦等具体情绪种类，其中疲乏、心烦是指学业情绪的生理表现。

本次调查中，运用研究者王妍和卢家楣(2009)编制的《小学生学业情绪问卷》测量小学生的学业情绪水平，包括 34 个题目，例如，“当我在课堂上表现好时，我会很骄傲”。其中，积极高唤醒有 8 个题目、积极低唤醒有 6 个题目、消极高唤醒有 8 个题目、消极低唤醒有 12 个题目。该问卷采用 5 点评分，1＝完全不同意，5＝完全同意。

(一) 儿童学业情绪与童心的相关分析

采用 Pearson 相关对儿童的学业情绪与童心及其三个维度之间的关系进行分析，结果如表 5-19 所示，积极高唤醒学业情绪和积极低唤醒学业情绪与童心及其三个维度之间均呈显著正相关关系，然而，消极高唤醒学业情绪和消极低唤醒学业情绪与童心及其三个维度之间均呈显著负相关关系。

表 5-19　儿童学业情绪与童心及其维度的 Pearson 相关分析

变量	1	2	3	4	5	6	7	8
1. 积极高唤醒学业情绪	1							
2. 积极低唤醒学业情绪	0.47***	1						
3. 消极高唤醒学业情绪	0.01	−0.39***	1					
4. 消极低唤醒学业情绪	−0.10**	−0.48***	0.83***	1				
5. 童心	0.35***	0.68***	−0.33***	−0.45***	1			
6. 好奇心	0.28***	0.44***	−0.24***	−0.36***	0.79***	1		
7. 求知欲	0.27***	0.65***	−0.34***	−0.45***	0.87***	0.45***	1	
8. 创造力	0.34***	0.60***	−0.22***	−0.30***	0.87***	0.61***	0.65***	1

注：** 代表显著性 p 小于 0.01；*** 代表显著性 p 小于 0.001。

（二）儿童学业情绪的基本特征差异分析

1. 儿童学业情绪的性别差异

对不同性别儿童的学业情绪进行分析，从表 5-20 可知，儿童在积极高唤醒学业情绪和积极低唤醒学业情绪上不存在显著的性别差异（$p>0.05$）；但在消极高唤醒学业情绪和消极低唤醒学业情绪上存在显著的性别差异，统计检验发现，男生在消极高唤醒学业情绪（$t=2.35$，$p<0.05$）和消极低唤醒学业情绪（$t=2.05$，$p<0.05$）上的得分均显著高于女生。

表 5-20　不同性别儿童学业情绪的平均数差异检验

指标	类别	样本量	平均值	标准差	t
积极高唤醒学业情绪	男	488	3.97	0.71	−0.53
	女	412	3.99	0.69	

续 表

指标	类别	样本量	平均值	标准差	t
积极低唤醒学业情绪	男	488	3.70	0.75	−1.92
	女	412	3.79	0.72	
消极高唤醒学业情绪	男	488	2.84	0.91	2.35*
	女	412	2.70	0.87	
消极低唤醒学业情绪	男	488	2.42	0.92	2.05*
	女	412	2.30	0.82	

注：* 代表显著性 p 小于 0.05。

2. 儿童学业情绪的年级差异

对不同年级儿童学业情绪进行差异分析，从表 5－21 可知，在积极高唤醒学业情绪上存在显著的年级差异（$p<0.001$），一年级和二年级的积极高唤醒学业情绪均显著高于三年级和五年级，且二年级也显著高于四年级的积极高唤醒学业情绪；在积极低唤醒学业情绪上也存在显著的年级差异（$p<0.001$），二年级的积极低唤醒学业情绪显著高于一年级、三年级和五年级，且四年级的积极低唤醒学业情绪也显著高于三年级；在消极高唤醒学业情绪上存在显著的年级差异（$p<0.001$），一年级、二年级和四年级的消极高唤醒学业情绪均显著低于三年级和五年级；同时，在消极低唤醒学业情绪上也存在显著的年级差异（$p<0.001$），一年级、二年级和四年级的消极低唤醒学业情绪均显著低于三年级和五年级。

表 5－21　不同年级儿童学业情绪的平均数差异检验

指标	类别	样本量	平均值	标准差	F
积极高唤醒学业情绪	一年级	197	4.07	0.62	5.42*** 1>3(**) 1>5(*) 2>3(***) 2>4(**) 2>5(**)
	二年级	195	4.11	0.70	
	三年级	164	3.83	0.72	
	四年级	184	3.93	0.74	
	五年级	160	3.90	0.70	

续 表

指标	类别	样本量	平均值	标准差	F
积极低唤醒学业情绪	一年级	197	3.71	0.72	5.70^{***} 1<2(**) 2>3(***) 2>5(***) 3<4(**)
	二年级	195	3.91	0.68	
	三年级	164	3.60	0.79	
	四年级	184	3.81	0.69	
	五年级	160	3.62	0.77	
消极高唤醒学业情绪	一年级	197	2.63	0.85	7.10^{***} 1<3(**) 1<5(***) 2<3(**) 2<5(***) 3>4(*) 4<5(**)
	二年级	195	2.62	0.94	
	三年级	164	2.94	0.95	
	四年级	184	2.73	0.84	
	五年级	160	3.01	0.82	
消极低唤醒学业情绪	一年级	197	2.26	0.83	6.05^{***} 1<3(**) 1<5(**) 2<3(**) 2<5(***) 3>4(**) 4<5(**)
	二年级	195	2.24	0.85	
	三年级	164	2.53	0.94	
	四年级	184	2.28	0.83	
	五年级	160	2.58	2.37	

注：* 代表显著性 p 小于 0.05；** 代表显著性 p 小于 0.01；*** 代表显著性 p 小于 0.001。

（三）儿童学业情绪对儿童童心的影响

本书采用回归分析分析儿童的学业情绪对其童心的影响，分别从好奇心、求知欲和创造力三个指标进行分析，然后对童心总的预测力进行探索。

1. 儿童学业情绪对好奇心的影响

运用回归分析探索小学儿童的学业情绪对好奇心的影响，从表 5-22 可知，积极高唤醒学业情绪显著正向预测儿童的好奇心，预测值为 0.28，也就是说，儿童的积极高唤醒学业情绪每增加一个单位，平均而言，其好奇心将增加 0.28 个单位；积极低唤醒学业情绪显著正向预测儿童的好奇心，预测值为 0.44，也就是说，儿童的积极低唤醒学业情绪每增加一个单位，平均而言，其好奇心将增加 0.44 个单位；消极高唤醒学业情绪显著负向预测儿童的好奇心，预测值为−0.24，也就是说，儿童的消极高唤醒学业情绪每增加一个单位，平均而言，其好奇心将降低0.24个单位；消极低唤醒学业情绪显著负向预测儿童的好奇心，预测值为−0.36，也就是说，儿童的消极低唤醒学业情绪每增加一个单位，平均而言，其好奇心将降低0.36个单位。

表5－22　小学儿童学业情绪对好奇心的回归分析

自变量	因变量	R^2	F	预测值	t
积极高唤醒学业情绪	好奇心	0.08	76.59	0.28	8.75***
积极低唤醒学业情绪		0.19	214.04	0.44	14.63***
消极高唤醒学业情绪		0.06	56.84	−0.24	−7.54***
消极低唤醒学业情绪		0.13	134.48	−0.36	−11.60***

注：*** 代表显著性 p 小于0.001。

2. 儿童学业情绪对求知欲的影响

运用回归分析探索小学儿童的学业情绪对求知欲的影响，从表5－23可知，积极高唤醒学业情绪显著正向预测儿童的求知欲，预测值为0.27，也就是说，儿童的积极高唤醒学业情绪每增加一个单位，平均而言，其求知欲将增加0.27个单位；积极低唤醒学业情绪显著正向预测儿童的求知欲，预测值为0.65，也就是说，儿童的积极低唤醒学业情绪每增加一个单位，平均而言，其求知欲将增加0.65个单位；消极高唤醒学业情绪显著负向预测儿童的求知欲，预测值为−0.34，也就是说，儿童的消极高唤醒学业情绪每增加一个单位，平均而言，其求知欲将降低0.34个单位；消极低唤醒学业情绪显著负向预测儿童的求知欲，预测值为−0.45，也就是说，儿童的消极低唤醒学业情绪每增加一个单位，平均而言，其求知欲将降低0.45个单位。

表5－23　小学儿童学业情绪对求知欲的回归分析

自变量	因变量	R^2	F	预测值	t
积极高唤醒学业情绪	求知欲	0.07	71.87	0.27	8.48***
积极低唤醒学业情绪		0.42	652.64	0.65	25.55***
消极高唤醒学业情绪		0.12	120.02	−0.34	−10.96***
消极低唤醒学业情绪		0.20	221.29	−0.45	−14.88***

注：*** 代表显著性 p 小于0.001。

3. 儿童学业情绪对创造力的影响

运用回归分析探索小学儿童的学业情绪对创造力的影响,从表 5-24 可知,积极高唤醒学业情绪显著正向预测儿童的创造力,预测值为 0.34,也就是说,儿童的积极高唤醒学业情绪每增加一个单位,其创造力将增加 0.34 个单位;积极低唤醒学业情绪显著正向预测儿童的创造力,预测值为 0.60,也就是说,儿童的积极低唤醒学业情绪每增加一个单位,其创造力将增加 0.60 个单位;消极高唤醒学业情绪显著负向预测儿童的创造力,预测值为 −0.22,也就是说,儿童的消极高唤醒学业情绪每增加一个单位,其创造力将降低 0.22 个单位;消极低唤醒学业情绪显著负向预测儿童的创造力,预测值为 −0.30,也就是说,儿童的消极低唤醒学业情绪每增加一个单位,其创造力将降低 0.30 个单位。就学业情绪对创造力的二级和三级指标的具体影响,如表 5-24 所示。

表 5-24 小学儿童学业情绪对创造力的回归分析

自变量	因变量	R^2	F	预测值	t
积极高唤醒学业情绪	创造力	0.11	113.18	0.34	10.64***
	创造性人格	0.06	60.80	0.25	7.80***
	冒险性	0.07	63.86	0.26	7.99***
	不畏挑战	0.002	1.35	−0.04	−1.16
	情感充沛	0.10	95.24	0.31	9.76***
	创造性思维	0.12	126.80	0.35	11.26***
	思维流畅	0.12	119.00	0.34	10.91***
	思维灵活	0.09	87.42	0.30	9.35***
	思维独特	0.09	87.87	0.30	9.37***
	思维精致	0.08	75.95	0.28	8.72***
积极低唤醒学业情绪	创造力	0.36	493.26	0.60	22.21***
	创造性人格	0.24	283.99	0.49	16.85***
	冒险性	0.22	259.55	0.47	16.11***
	不畏挑战	0.07	63.62	0.26	7.98***
	情感充沛	0.12	124.75	0.35	11.17***
	创造性思维	0.35	480.78	0.59	21.93***

续 表

自变量	因变量	R^2	F	预测值	t
	思维流畅	0.28	349.29	0.53	18.69***
	思维灵活	0.32	417.66	0.56	20.44***
	思维独特	0.12	126.90	0.35	11.27***
	思维精致	0.35	491.98	0.60	22.18***
消极高唤醒学业情绪	创造力	0.05	43.62	−0.22	−6.61***
	创造性人格	0.07	64.09	−0.26	−8.01***
	冒险性	0.03	27.90	−0.17	−5.28***
	不畏挑战	0.12	117.54	−0.34	−10.84***
	情感充沛	0.004	3.85	−0.07	−1.96*
	创造性思维	0.02	19.28	−0.15	−4.39***
	思维流畅	0.02	20.93	−0.15	−4.57***
	思维灵活	0.04	37.92	−0.20	−6.16***
	思维独特	0.01	4.79	0.07	2.19*
	思维精致	0.05	43.65	−0.22	−6.61***
消极低唤醒学业情绪	创造力	0.09	90.30	−0.30	−9.50***
	创造性人格	0.12	122.80	−0.35	−11.08***
	冒险性	0.06	55.51	−0.24	−7.45***
	不畏挑战	0.18	197.30	−0.42	−14.05***
	情感充沛	0.01	10.88	−0.11	−3.30**
	创造性思维	0.05	44.31	−0.22	−6.66***
	思维流畅	0.04	40.22	−0.21	−6.34***
	思维灵活	0.08	73.98	−0.28	−8.60***
	思维独特	0.003	2.75	0.06	1.66
	思维精致	0.10	98.34	−0.31	−9.92***

注：* 代表显著性 p 小于 0.05；** 代表显著性 p 小于 0.01；*** 代表显著性 p 小于 0.001。

4. 儿童学业情绪对童心的影响

(1) 儿童的积极高唤醒学业情绪对童心的影响

运用回归分析探索小学儿童积极高唤醒学业情绪对童心的影响,结果发现,积极高唤醒学业情绪显著正向预测儿童的童心,预测值为0.35,R^2=0.12,$F_{(1,898)}$=125.37。也就是说,儿童的积极高唤醒学业情绪越多,其童心就会相应地增高。具体而言,儿童的积极高唤醒学业情绪每增加一个单位,其童心将增加0.35个单位,如图5-6所示。

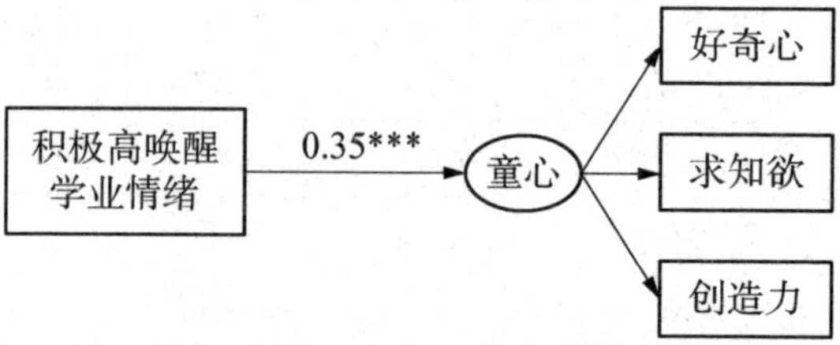

图5-6 儿童积极高唤醒学业情绪预测童心的模型图

(2) 儿童的积极低唤醒学业情绪对童心的影响

运用回归分析探索小学儿童积极低唤醒学业情绪对童心的影响,结果发现,积极低唤醒学业情绪显著正向预测儿童的童心,预测值为0.66,R^2=0.44,$F_{(1,898)}$=708.12。也就是说,儿童的积极低唤醒学业情绪越多,其童心就会相应地增高。具体而言,儿童的积极低唤醒学业情绪每增加一个单位,其童心将增加0.66个单位,如图5-7所示。

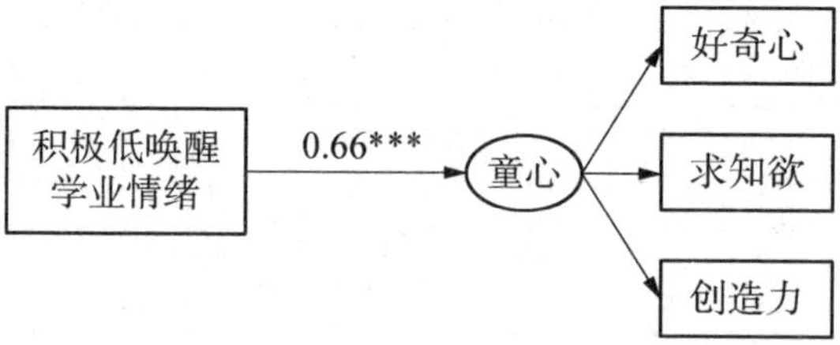

图5-7 儿童积极低唤醒学业情绪预测童心的模型图

(3) 儿童的消极高唤醒学业情绪对童心的影响

运用回归分析探索小学儿童消极高唤醒学业情绪对童心的影响,结果发现,消极高唤醒学业情绪显著负向预测儿童的童心,预测值为-0.32,R^2=0.10,$F_{(1,898)}$=100.08。也就是说,儿童的消极高唤醒学业情绪越多,其童心就会相应地降低。具体而言,儿童的消极高唤醒学业情绪每增加一个单位，其童心将降低 0.32 个单位，如图 5－8 所示。

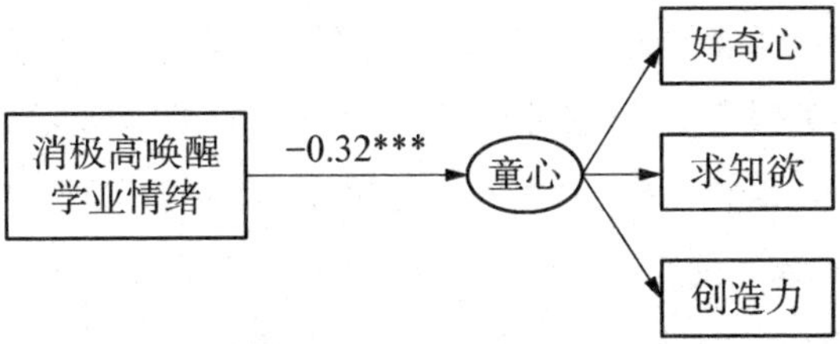

图 5－8　儿童消极高唤醒学业情绪预测童心的模型图

（4）小学儿童的消极低唤醒学业情绪对童心的影响

运用回归分析探索小学儿童消极低唤醒学业情绪对童心的影响，结果发现，消极低唤醒学业情绪显著负向预测儿童的童心，预测值为－0.44，$R^2=0.19$，$F_{(1,898)}=212.07$。也就是说，儿童的消极低唤醒学业情绪越多，其童心就会相应地降低。具体而言，儿童的消极低唤醒学业情绪每增加一个单位，其童心将降低 0.44 个单位，如图 5－9 所示。

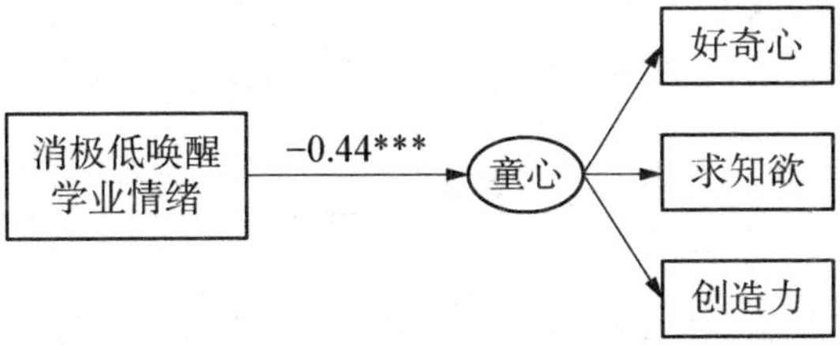

图 5－9　儿童消极低唤醒学业情绪预测童心的模型图

三、组织特征对儿童童心的影响

本书将从班级环境因素着手，分析小学课堂心理环境中的组织特征对儿童童心的影响。

从宏观层面，班级环境可以分为物理环境（例如，座位安排、环境布置和教学用具）、社会心理环境（例如，师生关系、同伴关系、行为模式以及班级制度）和教育环境（例如，教材、教学安排、学习规划）。班级是小学生在家庭之外最重要的发展环境。就课堂与班级的关系来说，学校中课堂隶属于班级，课堂以班级为基础，班级是最基本的单位。因此，班级环境是一个具有心理学意义的概念,对小学生的适应和发展具有重要的影响。小学生感知到的班级环境能够反映出一个班级的整体凝聚力、活跃程度和各种人际关系的和谐程度。

在本书中,班级环境主要从师生关系(班主任态度中亲切、关心、支持及理解的程度,学生对教师之信任、喜爱的程度)、同学关系(同学之间关心、互助、团结的程度)、秩序和纪律(课堂活动的有序性,班级纪律的有效性)、竞争(同学之间在学业和其他方面的竞争,班级中的竞争气氛)以及学习负担(课业量的多少,主观感受到的学业压力大小)五个方面进行分析。

在本次调查中,运用江光荣于 2004 年编制的《我的班级问卷》对育童小学学生的班级环境进行测量,分为师生关系、同学关系、秩序和纪律、竞争、学习负担 5 个维度,包括 38 个题目,例如,"同学们喜欢班主任"。该问卷采用 5 点评分,其中,1=从不如此,5=总是如此,问卷的一致性信度系数是 0.81。

(一) 小学班级环境与童心的相关分析

采用 Pearson 相关对班级环境与童心及其三个维度之间的关系进行分析,结果如表 5-25 所示,师生关系、秩序纪律、竞争和同学关系与童心及其三个维度之间均呈显著正相关关系,然而,学习负担与童心及其三个维度之间均呈显著负相关关系。

表 5-25　班级环境与童心及其维度的 Pearson 相关分析

变量	1	2	3	4	5	6	7	8	9
1. 师生关系	1								
2. 秩序纪律	0.53***	1							
3. 竞争	0.19***	0.15***	1						
4. 学习负担	−0.41***	−0.46***	0.21***	1					
5. 同学关系	0.65***	0.69***	0.16***	−0.44***	1				
6. 童心	0.43***	0.34***	0.22***	−0.21***	0.45***	1			
7. 好奇心	0.36***	0.24***	0.13***	−0.22***	0.33***	0.79***	1		
8. 求知欲	0.37***	0.33***	0.22***	−0.17***	0.41***	0.87***	0.45***	1	
9. 创造力	0.34***	0.28***	0.18***	−0.15***	0.38***	0.87***	0.61***	0.65***	1

注:*** 代表显著性 p 小于 0.001。

(二) 小学班级环境的基本特征差异分析

1. 小学班级环境的性别差异

对不同性别儿童的班级环境进行分析,从表 5 - 26 可知,育童小学的儿童在师生关系和同学关系上存在显著的性别差异($p<0.05$),均表现为男生显著低于女生;但在竞争和学习负担上均表现为男生显著高于女生($p<0.05$);而在秩序纪律上的得分则不存在显著的性别差异($p>0.05$)。

表 5 - 26 小学生班级环境的性别差异检验

指标	类别	样本量	平均值	标准差	t
师生关系	男	488	4.43	0.65	-2.18^{*}
	女	412	4.52	0.58	
秩序纪律	男	488	3.98	0.77	-0.96
	女	412	4.03	0.73	
班级竞争	男	488	3.23	0.89	3.13^{**}
	女	412	3.04	0.87	
学习负担	男	488	2.09	0.74	2.25^{*}
	女	412	1.99	0.65	
同学关系	男	488	4.04	0.79	-2.08^{*}
	女	412	4.15	0.71	

注:* 代表显著性 p 小于 0.05;** 代表显著性 p 小于 0.01。

2. 小学班级环境的年级差异

对不同年级的班级环境进行差异分析,从表 5 - 27 可知,在师生关系上存在显著的年级差异($p<0.001$),一年级、二年级和四年级的师生关系均显著高于三年级和五年级;在班级秩序上也存在显著的年级差异($p<0.001$),一年级、二年级、三年级和四年级的秩序纪律均显著高于五年级,且一年级的秩序纪律也显著高于四年级,二年级的秩序纪律显著高于三年级;在竞争上也存在边缘显著性差异($p<0.1$),四年级的竞争性显著高于一年级和五年级;在学习负担上也存在显著的年级差异($p<0.001$),一年级、二年级和四年级的学习负担

均显著低于三年级和五年级，且一年级和二年级的学习负担也显著低于四年级；同时，在同学关系上也存在显著的年级差异（$p<0.001$），一年级、二年级和四年级的同学关系均显著高于三年级和五年级。

表 5-27　小学生班级环境的年级差异检验

指标	类别	样本量	平均值	标准差	F
师生关系	一年级	197	4.54	0.59	7.51^{***} 1>3(**) 1>5(**) 2>3(***) 2>5(***) 4>3(**) 4>5(**)
	二年级	195	4.59	0.53	
	三年级	164	4.32	0.71	
	四年级	184	4.54	0.58	
	五年级	160	4.33	0.66	
秩序纪律	一年级	197	4.21	0.59	20.11^{***} 1>3(***) 1>4(*) 1>5(***) 2>3(**) 2>5(***) 3>5(***) 4>5(***)
	二年级	195	4.17	0.70	
	三年级	164	3.92	0.75	
	四年级	184	4.03	0.73	
	五年级	160	3.59	0.85	
班级竞争	一年级	197	3.07	0.85	$2.14^{\dagger}$ 1<4(*) 5<4(*)
	二年级	195	3.15	1.00	
	三年级	164	3.16	0.84	
	四年级	184	3.29	0.89	
	五年级	160	3.04	0.80	
学习负担	一年级	197	1.78	0.61	28.76^{***} 1<3(***) 1<4(***) 1<5(***) 2<3(***)
	二年级	195	1.81	0.66	
	三年级	164	2.30	0.73	

续 表

指标	类别	样本量	平均值	标准差	F
	四年级	184	2.08	0.67	2<4(***) 2<5(***) 4<3(**) 4<5(***)
	五年级	160	2.35	0.64	
同学关系	一年级	197	4.18	0.64	9.41*** 1>3(**) 1>5(***) 2>3(**) 2>5(***) 4>3(**) 4>5(***)
	二年级	195	4.20	0.71	
	三年级	164	3.97	0.84	
	四年级	184	4.21	0.74	
	五年级	160	3.82	0.81	

注：† 代表显著性 p 小于 0.1；* 代表显著性 p 小于 0.05；** 代表显著性 p 小于 0.01；*** 代表显著性 p 小于 0.001。

（三）小学班级环境对儿童童心的影响

本书采用回归分析分析儿童的班级环境对其童心的影响，分别从好奇心、求知欲和创造力三个指标进行分析，然后对童心总的预测力进行探索。

1. 小学班级环境对好奇心的影响

运用回归分析探索小学的班级环境对好奇心的影响，从表 5-28 可知，师生关系显著正向预测儿童的好奇心，预测值为 0.36，也就是说，师生关系每增加一个单位，平均而言，其好奇心将增加 0.36 个单位；秩序纪律显著正向预测儿童的好奇心，预测值为 0.24，也就是说，秩序纪律每增加一个单位，平均而言，其好奇心将增加 0.24 个单位；竞争显著正向预测儿童的好奇心，预测值为 0.13，也就是说，竞争每增加一个单位，平均而言，其好奇心将增加 0.13 个单位；学习负担显著负向预测儿童的好奇心，预测值为−0.22，也就是说，学习负担每增加一个单位，平均而言，其好奇心将降低 0.22 个单位；同学关系显著正向预测儿童的好奇心，预测值为 0.33，也就是说，同学关系每增加一个单位，平均而言，其好奇心将增加 0.33 个单位。

表 5-28　小学班级环境对好奇心的回归分析

自变量	因变量	R^2	F	预测值	t
师生关系	好奇心	0.13	132.91	0.36	11.53***
秩序纪律		0.06	52.84	0.24	7.27***
班级竞争		0.02	16.48	0.13	4.06***
学习负担		0.05	45.35	−0.22	−6.73***
同学关系		0.11	111.98	0.33	10.58***

注:*** 代表显著性 p 小于 0.001。

2. 小学班级环境对求知欲的影响

运用回归分析探索小学的班级环境对求知欲的影响,从表 5-29 可知,师生关系显著正向预测儿童的求知欲,预测值为 0.37,也就是说,师生关系每增加一个单位,平均而言,其求知欲将增加 0.37 个单位;秩序纪律显著正向预测儿童的求知欲,预测值为 0.33,也就是说,秩序纪律每增加一个单位,平均而言,其求知欲将增加 0.33 个单位;竞争显著正向预测儿童的求知欲,预测值为 0.22,也就是说,竞争每增加一个单位,平均而言,其求知欲将增加 0.22 个单位;学习负担显著负向预测儿童的求知欲,预测值为−0.17,也就是说,学习负担每增加一个单位,平均而言,其求知欲将降低 0.17 个单位;同学关系显著正向预测儿童的求知欲,预测值为 0.41,也就是说,同学关系每增加一个单位,平均而言,其求知欲将增加 0.41 个单位。

表 5-29　小学班级环境对求知欲的回归分析

自变量	因变量	R^2	F	预测值	t
师生关系	求知欲	0.14	140.90	0.37	11.87***
秩序纪律		0.11	108.67	0.33	10.42***
班级竞争		0.05	45.67	0.22	6.76***
学习负担		0.03	27.76	−0.17	−5.27***
同学关系		0.17	185.89	0.41	13.63***

注:*** 代表显著性 p 小于 0.001。

3. 小学班级环境对创造力的影响

运用回归分析探索小学的班级环境对创造力的影响,从表 5-30 可知,师生关系显著正向预测儿童的创造力，预测值为 0.34，也就是说，师生关系每增加一个单位，儿童创造力将增加 0.34 个单位；秩序纪律显著正向预测儿童的创造力，预测值为 0.28，也就是说，秩序纪律每增加一个单位，儿童创造力将增加 0.28 个单位；竞争显著正向预测儿童的创造力，预测值为 0.19，也就是说，竞争每增加一个单位，儿童创造力将增加 0.19 个单位；学习负担显著负向预测儿童的创造力，预测值为－0.15，也就是说，学习负担每增加一个单位，儿童创造力将降低 0.15 个单位；同学关系显著正向预测儿童的创造力，预测值为 0.38，也就是说，同学关系每增加一个单位，儿童创造力将增加 0.38 个单位。就班级环境对创造力的二级和三级指标的具体影响，如表 5－30 所示。

表 5－30　小学班级环境对创造力的回归分析

自变量	因变量	R^2	F	预测值	t
师生关系	创造力	0.12	120.27	0.34	10.97***
	创造性人格	0.10	95.85	0.31	9.79***
	冒险性	0.07	71.66	0.27	8.47***
	不畏挑战	0.04	38.04	0.20	6.17***
	情感充沛	0.04	40.52	0.21	6.37***
	创造性思维	0.10	100.64	0.32	10.03***
	思维流畅	0.09	86.56	0.30	9.30***
	思维灵活	0.09	88.61	0.30	9.41***
	思维独特	0.02	18.25	0.14	4.27***
	思维精致	0.13	130.42	0.36	11.42***
秩序纪律	创造力	0.08	73.80	0.28	8.59***
	创造性人格	0.07	67.07	0.26	8.19***
	冒险性	0.06	53.70	0.24	7.33***
	不畏挑战	0.03	31.73	0.19	5.63***
	情感充沛	0.03	23.88	0.16	4.89***
	创造性思维	0.06	55.96	0.24	7.48***
	思维流畅	0.05	51.44	0.23	7.17***
	思维灵活	0.07	63.37	0.26	7.96***

续 表

自变量	因变量	R^2	F	预测值	t
	思维独特	0.01	8.50	0.10	2.92**
	思维精致	0.06	59.14	0.25	7.69***
班级竞争	创造力	0.04	32.33	0.19	5.69***
	创造性人格	0.01	12.45	0.12	3.53***
	冒险性	0.01	10.98	0.11	3.31**
	不畏挑战	0.004	3.29	0.06	1.81†
	情感充沛	0.01	6.70	0.09	2.56**
	创造性思维	0.05	43.85	0.22	6.62***
	思维流畅	0.04	37.97	0.20	6.16***
	思维灵活	0.03	27.64	0.17	5.26***
	思维独特	0.03	30.45	0.18	5.52***
	思维精致	0.04	34.05	0.19	5.84***
学习负担	创造力	0.02	19.57	−0.15	−4.42***
	创造性人格	0.03	28.36	−0.18	−5.33***
	冒险性	0.02	14.52	−0.13	−3.81***
	不畏挑战	0.03	30.02	−0.18	−5.48***
	情感充沛	0.01	5.83	−0.08	−2.41*
	创造性思维	0.01	8.80	−0.10	−2.97**
	思维流畅	0.01	10.72	−0.11	−3.27***
	思维灵活	0.02	16.73	−0.14	−4.09***
	思维独特	0.001	0.49	0.02	0.70
	思维精致	0.01	12.45	−0.12	−3.53***
同学关系	创造力	0.15	153.22	0.38	12.38***
	创造性人格	0.15	163.05	0.39	12.77***
	冒险性	0.11	108.62	0.33	10.42***
	不畏挑战	0.07	65.89	0.26	8.12***

续 表

自变量	因变量	R^2	F	预测值	t
	情感充沛	0.07	68.36	0.27	8.27***
	创造性思维	0.10	97.43	0.31	9.87***
	思维流畅	0.09	87.88	0.30	9.38***
	思维灵活	0.09	93.35	0.31	9.66***
	思维独特	0.02	14.46	0.13	3.80
	思维精致	0.12	122.16	0.35	11.05***

注：† 代表显著性 p 小于 0.1；* 代表显著性 p 小于 0.05；** 代表显著性 p 小于 0.01；*** 代表显著性 p 小于 0.001。

4. 儿童班级环境对童心的影响

(1) 师生关系对童心的影响

运用回归分析探索师生关系对小学儿童童心的影响，结果发现，师生关系显著正向预测儿童的童心，预测值为 0.42，$R^2=0.18$，$F_{(1,898)}=195.21$。也就是说，师生关系越好，儿童童心就会相应地增高。具体而言，师生关系每增加一个单位，儿童童心将增加 0.42 个单位，如图 5－10 所示。

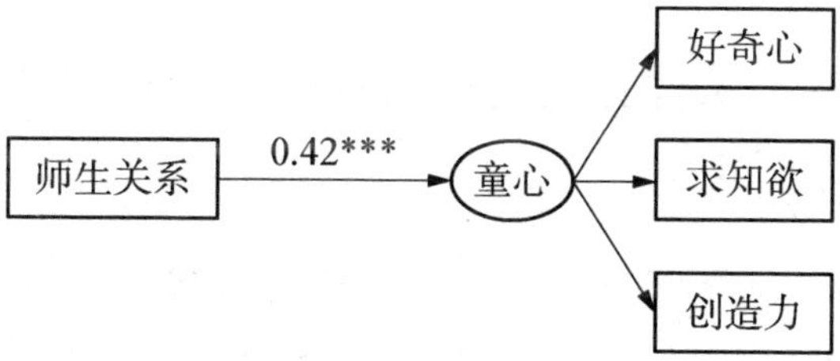

图 5－10 师生关系预测童心的模型图

(2) 小学的秩序纪律对童心的影响

运用回归分析探索秩序纪律对小学儿童童心的影响，结果发现，秩序纪律显著正向预测儿童的童心，预测值为 0.33，$R^2=0.11$，$F_{(1,898)}=110.77$。也就是说，秩序纪律越强，儿童的童心就会相应地增高。具体而言，秩序纪律每增加一个单位，儿童童心将增加 0.33 个单位，如图 5－11 所示。

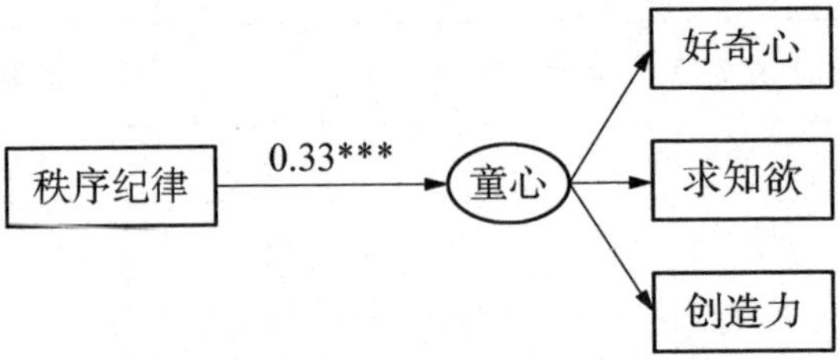

图 5－11　班级秩序纪律预测童心的模型图

(3) 小学的班级竞争对童心的影响

运用回归分析探索小学的班级竞争对童心的影响，结果发现，班级竞争显著正向预测儿童的童心，预测值为 0.21，$R^2=0.05$，$F_{(1,898)}=42.81$。也就是说，班级竞争越大，儿童童心可能会相应地增加。具体而言，班级竞争每增加一个单位，儿童童心将增加 0.21 个单位，如图 5－12 所示。

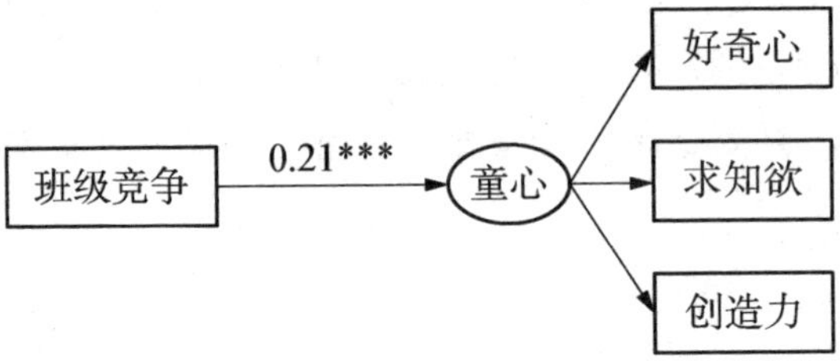

图 5－12　班级竞争预测童心的模型图

(4) 小学的学习负担对童心的影响

运用回归分析探索小学的学习负担对童心的影响，结果发现，学习负担显著负向预测儿童的童心，预测值为－0.21，$R^2=0.05$，$F_{(1,898)}=42.44$。也就是说，学习负担越重，儿童童心就会相应地降低。具体而言，儿童的学习负担每增加一个单位，其童心将降低 0.21 个单位，如图 5－13 所示。

(5) 小学的同学关系对童心的影响

运用回归分析探索小学的同学关系对童心的影响，结果发现，同学关系显著正向预测儿童的童心，预测值为 0.45，$R^2=0.20$，$F_{(1,898)}=222.23$。也就是说，同学关系越好，儿童童心就会相应地增加。具体而言，儿童的同学关系每增加一个单位，其童心将增加 0.45 个单位，如图 5－14 所示。

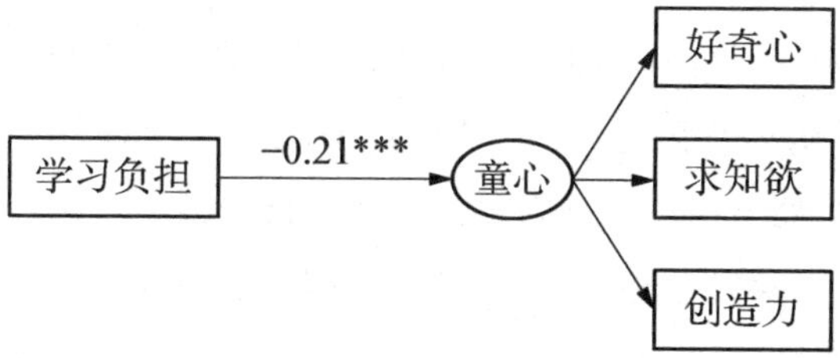

图 5－13　学习负担预测童心的模型图

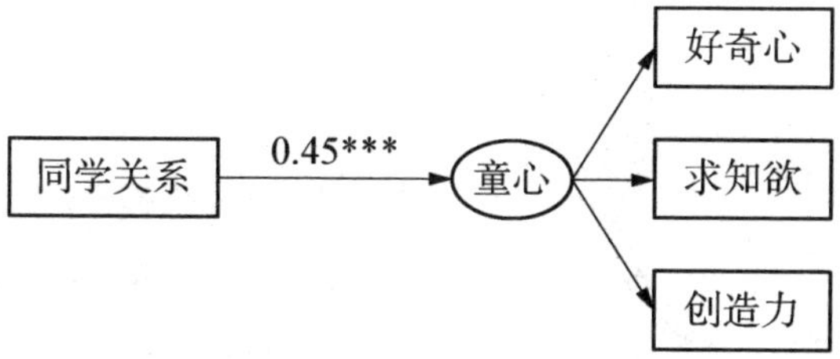

图 5－14　同学关系预测童心的模型图

第三节　童心课堂心理环境的构成要素

本书基于上述儿童的童心现状和影响因素研究，建设能够引发儿童好奇心、促进儿童求知欲、发掘儿童创造力的课堂心理环境。由调查研究和探索发现，教师期望知觉（情感支持、教学互动和学业反馈）、教师自主支持、课堂公平感知（课堂分配公平、课堂程序公平和课堂互动公平）、学业情绪（积极高唤醒学业情绪、积极低唤醒学业情绪、消极高唤醒学业情绪和消极低唤醒学业情绪）、班级环境（师生关系、同学关系、秩序和纪律、班级竞争和学习负担）均显著影响小学儿童的童心。

根据各个影响因素预测童心总变异的解释力，将影响因素对童心预测作用的相对重要性进行排序，依次为：积极低唤醒学业情绪（放松、平静和满足等具体情绪种类，$\beta=0.66^{***}$）、教师期望知觉（$\beta=0.46^{***}$）、教师自主支持（$\beta=0.46^{***}$）、同学关系（$\beta=0.45^{***}$）、消极低唤醒学业情绪（焦虑、愤怒、羞愧等具体情绪，$\beta=-0.44^{***}$）、师生关系

(β=0.42***)、课堂公平感知(β=0.38***)、积极高唤醒学业情绪(高兴、骄傲、希望等具体情绪，β=0.35***)、秩序纪律(β=0.33***)、消极高唤醒学业情绪(焦虑、愤怒、羞愧等具体情绪，β=−0.32***)、班级竞争(β=0.21***)、学习负担(β=−0.21***)。

由结果可知，学生处于放松、平静和满足等积极低唤醒学业情绪中，最有助于培养儿童的童心；其次，学生感知到的较高的教师期望、教师支持和课堂公平，良好的同学关系、师生关系和秩序纪律，较高的积极高唤醒学业情绪和较低的消极学业情绪，均非常有利于儿童童心的塑造；最后，适度的班级竞争和较低的学习负担，也有助于儿童童心的唤起与培养。

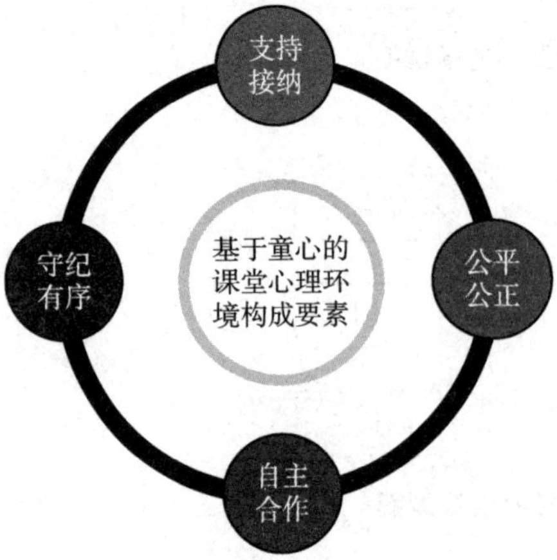

图 5-15　基于童心的课堂心理环境的构成要素

由此，本书根据上述结果，以上述学生对课堂心理环境的感知为测量对象，建构基于童心的课堂心理环境的构成要素。在对上述因素进行提炼的基础上，通过专家访谈和理论分析，目前，拟确立的要素包括以下 4 个方面，如图 5-15 所示：

一、支持接纳

师生之间和同学之间建立支持、接纳和友好的人际氛围，促使学生处于积极的学业情绪体验中。

二、公平公正

在教学背景中，为学生提供公平、平等、公正的学习、沟通、发展等机会，增强积极的学业情绪体验。

三、自主合作

鼓励学生自主学习，学生相互合作、共同进步，减少消极的学业情绪体验。

四、守纪有序

为学生提供秩序良好的班级环境，促使学生遵纪守则，创造和谐有序的童心环境。

通过打造支持接纳、公平公正、自主合作、守纪有序的课堂心理环境，呵护童心，创设良性的师生互动，促使教师与学生的人格特征、心理状态和课堂心理氛围向善、向上，促进学生心智健康成长。

第四节　童心课堂心理环境的评价指标

本书基于上述童心的课堂心理环境的构成要素，建构课堂教学的评价指标。童心课堂教学评价坚持“童心为本”的教育理念，基于教师自我评价、学生评价、第三方评价三个视角，以学生在课堂教学中呈现的状态，特别是以“引发好奇心”“促进求知欲”和“发掘创造力”为参照来评价教师的课堂教学质量，以“支持接纳”“公平公正”“自主合作”“守纪有序”的课堂心理环境为参照来评价教师营造的课堂环境，以此促进教师教学方式和学生学习方式的优化，形成有良性师生互动与和谐师生关系的课堂环境，促进儿童积极心理品质的发展，实现师生的共同成长。

对基于童心的课堂心理环境的评价从教师自我评价、学生评价、第三方评价“**三个视角**”出发，确立了儿童童心课堂的“**四等级**”评价体系。基于童心的三个内涵维度——好奇心、求知欲、创造力，同时在支持接纳、公平公正、自主合作、守纪有序的课堂心理环境基础上编制而成，如表 5 - 31、表 5 - 33 和表 5 - 35 所示。

一、教师自我评价

表 5－31　基于童心的课堂心理环境
课堂教学评价表(教师自我评价)

<table>
<tr><td>教师</td><td colspan="2"></td><td>学校</td><td></td><td colspan="3">授课班级</td><td colspan="2"></td></tr>
<tr><td>学科</td><td colspan="2"></td><td>时间</td><td></td><td colspan="3">节次</td><td colspan="2"></td></tr>
<tr><td>主题</td><td colspan="9"></td></tr>
<tr><td rowspan="3">评价维度</td><td rowspan="3">评价项目</td><td colspan="3" rowspan="3">评价要点</td><td rowspan="3">分值</td><td colspan="4">评价等级</td></tr>
<tr><td>A</td><td>B</td><td>C</td><td>D</td></tr>
<tr><td>1.0</td><td>0.8</td><td>0.6</td><td>0.4</td></tr>
<tr><td rowspan="2">教学目标</td><td>目标制定</td><td colspan="3">1. 目标明确具体,符合学科课程标准和学生的心理特征与认知水平。</td><td>5</td><td></td><td></td><td></td><td></td></tr>
<tr><td>达成情况</td><td colspan="3">2. 教学实施与教学目标一致,达到预期效果。</td><td>5</td><td></td><td></td><td></td><td></td></tr>
<tr><td rowspan="7">教师行为</td><td rowspan="3">教学组织</td><td colspan="3">3. 注重培养学生的问题意识,激发学生的好奇心。</td><td>10</td><td></td><td></td><td></td><td></td></tr>
<tr><td colspan="3">4. 创设有效合理的情境,培养学生兴趣,促进学生的求知欲。</td><td>10</td><td></td><td></td><td></td><td></td></tr>
<tr><td colspan="3">5. 引导学生主动探索和发现,从不同角度思考问题,发掘学生的创造力。</td><td>10</td><td></td><td></td><td></td><td></td></tr>
<tr><td rowspan="4">课堂评价</td><td colspan="3">6. 能够为学生建立支持、接纳和友好的课堂氛围。</td><td>10</td><td></td><td></td><td></td><td></td></tr>
<tr><td colspan="3">7. 能够为每个学生提供公平、平等的学习和沟通机会。</td><td>10</td><td></td><td></td><td></td><td></td></tr>
<tr><td colspan="3">8. 能够积极鼓励学生自主学习、相互合作。</td><td>10</td><td></td><td></td><td></td><td></td></tr>
<tr><td colspan="3">9. 能够建立良好的课堂秩序,稳定学生的学习情绪。</td><td>10</td><td></td><td></td><td></td><td></td></tr>
</table>

续　表

评价维度	评价项目	评价要点	分值	评价等级			
				A	B	C	D
				1.0	0.8	0.6	0.4
学生行为	学习状态	10. 主动学习、兴趣浓厚、思维积极、乐于表达、协作讨论、课堂气氛活跃。	10				
	学习效果	11. 达成学习目标,有成功体验和不同程度的收获。	10				
总体评价							
总分		等第		评议人			
备注	累计得分 90 分及以上为优,80～89 分为良,60～79 分为中,60 分以下为差。						

表 5－32　基于童心的课堂心理环境
课堂教学评价表(教师自我评价)(应用示例)

教师	施寅哲	学校		授课班级	五(4)班		
学科	语文	时间		节次	3		
主题	《什么比猎豹的速度更快》						
评价维度	评价项目	评价要点	分值	评价等级			
				A	B	C	D
				1.0	0.8	0.6	0.4
教学目标	目标制定	1. 目标明确具体,符合学科课程标准和学生的心理特征与认知水平。	5	√			
	达成情况	2. 教学实施与教学目标一致,达到预期效果。	5	√			
教师行为	教学组织	3. 注重培养学生的问题意识,激发学生的好奇心。	10		√		
		4. 创设有效合理的情境,培养学生兴趣,促进学生的求知欲。	10		√		
		5. 引导学生主动探索和发现,从不同角度思考问题,发掘学生的创造力。	10		√		

续 表

评价维度	评价项目	评价要点	分值	评价等级			
				A	B	C	D
				1.0	0.8	0.6	0.4
	课堂评价	6. 能够为学生建立支持、接纳和友好的课堂氛围。	10	√			
		7. 能够为每个学生提供公平、平等的学习和沟通机会。	10	√			
		8. 能够积极鼓励学生自主学习、相互合作。	10		√		
		9. 能够建立良好的课堂秩序，稳定学生的学习情绪。	10		√		
学生行为	学习状态	10. 主动学习、兴趣浓厚、思维积极、乐于表达、协作讨论、课堂气氛活跃。	10	√			
	学习效果	11. 达成学习目标，有成功体验和不同程度的收获。	10		√		
总体评价	本堂课注重培养学生的问题意识，激发学生的好奇心，能够为每个学生提供平等、公平的沟通机会。						
总分	88	等第	良	评议人	施寅哲		
备注	累计得分 90 分及以上为优，80～89 分为良，60～79 分为中，60 分以下为差。						

二、学生评价

表 5－33　基于童心的课堂心理环境
课堂教学评价表（学生评价）

教师		学校		授课班级			
学科		时间		节次			
主题							
评价维度	评价项目	评价要点	分值	评价等级			
				A	B	C	D
				1.0	0.8	0.6	0.4
教学目标	目标制定	1. 老师讲课思路清晰，表达准确，重点突出。	5				

续　表

评价维度	评价项目	评价要点	分值	评价等级			
				A	B	C	D
				1.0	0.8	0.6	0.4
	达成情况	2. 我能够听懂并充分掌握老师所讲的知识。	5				
教师行为	教学组织	3. 老师在上课的过程中会有意识地激发我们的好奇心。	10				
		4. 老师会创设有趣的问题情境，使我们的学习兴趣高涨。	10				
		5. 老师会引导我们从不同的角度思考问题，培养我们的创造力。	10				
	课堂评价	6. 在课堂中，老师通常都会非常耐心地给我们讲解问题。	10				
		7. 每个学生在课堂中都拥有公平的发言和表现机会。	10				
		8. 在课堂中，老师会鼓励并表扬我们与其他同学之间的合作。	10				
		9. 老师能很好地应对我们的情绪，维持良好的课堂秩序。	10				
学生行为	学习状态	10. 我很喜欢该老师的课程，并能在课堂上积极思考，与老师同学积极互动。	10				
	学习效果	11. 我在学习的过程中感到快乐，并能用不同的方法解决问题，有很大收获。	10				
总体评价							
总分		等第		评议人			
备注	累计得分 90 分及以上为优，80～89 分为良，60～79 分为中，60 分以下为差。						

表 5－34　基于童心的课堂心理环境
课堂教学评价表(学生评价)(应用示例)

教师	张翔	学校		授课班级	四(1)班		
学科	语文	时间		节次	2		
主题	《天窗》						
评价维度	评价项目	评价要点	分值	评价等级			
				A	B	C	D
				1.0	0.8	0.6	0.4
教学目标	目标制定	1. 老师讲课思路清晰，表达准确，重点突出。	5	√			
	达成情况	2. 我能够听懂并充分掌握老师所讲的知识。	5	√			
教师行为	教学组织	3. 老师在上课的过程中会有意识地激发我们的好奇心。	10	√			
		4. 老师会创设有趣的问题情境，使我们的学习兴趣高涨。	10	√			
		5. 老师会引导我们从不同的角度思考问题，培养我们的创造力。	10	√			
	课堂评价	6. 在课堂中，老师通常都会非常耐心地给我们讲解问题。	10	√			
		7. 每个学生在课堂中都拥有公平的发言和表现机会。	10		√		
		8. 在课堂中，老师会鼓励并表扬我们与其他同学之间的合作。	10	√			
		9. 老师能很好地应对我们的情绪，维持良好的课堂秩序。	10	√			
学生行为	学习状态	10. 我很喜欢该老师的课程，并能在课堂上积极思考，与老师同学积极互动。	10	√			
	学习效果	11. 我在学习的过程中感到快乐，并能用不同的方法解决问题，有很大收获。	10	√			

续　表

总体评价	张老师会在上课的时候提出一些有趣的问题，可以激发我们好奇心，让我们开动脑子思考，例如，让我们用下划线划出孩子们想象的句子。				
总分	98	等第	优	评议人	李享佳
备注	累计得分 90 分及以上为优，80～89 分为良，60～79 分为中，60 分以下为差。				

三、第三方评价

表 5－35　基于童心的课堂心理环境
课堂教学评价表(第三方评价)

教师		学校		授课班级	
学科		时间		节次	
主题					

评价维度	评价项目	评价要点	分值	评价等级			
				A	B	C	D
				1.0	0.8	0.6	0.4
教学目标	目标制定	1. 目标明确具体，符合学科课程标准和学生的心理特征与认知水平。	5				
	达成情况	2. 教学实施与教学目标一致，达到预期效果。	5				
教师行为	教学组织	3. 注重培养学生的问题意识，能够激发学生的好奇心。	10				
		4. 能够创设有效合理的情境，培养学生兴趣，促进学生的求知欲。	10				
		5. 能够引导学生主动探索发现，从不同角度思考问题，发掘学生的创造力。	10				
	课堂评价	6. 能够为学生建立支持、接纳和友好的课堂氛围。	10				
		7. 能够为每个学生提供公平、平等的学习和沟通机会。	10				

续 表

评价维度	评价项目	评价要点	分值	评价等级			
				A	B	C	D
				1.0	0.8	0.6	0.4
		8. 能够积极鼓励学生自主学习、相互合作。	10				
		9. 能够建立良好的课堂秩序,稳定学生的学习情绪。	10				
学生行为	学习状态	10. 主动学习、兴趣浓厚、思维积极、乐于表达、协作讨论、课堂气氛活跃。	10				
	学习效果	11. 达成学习目标,有成功体验和不同程度的收获。	10				
总体评价							
总分		等第		评议人			
备注	累计得分 90 分及以上为优,80～89 分为良,60～79 分为中,60 分以下为差。						

表 5-36　基于童心的课堂心理环境
课堂教学评价表(第三方评价)(应用示例)

教师	施思	学校		授课班级	四(2)班		
学科	心理	时间		节次	2		
主题							
评价维度	评价项目	评价要点	分值	评价等级			
				A	B	C	D
				1.0	0.8	0.6	0.4
教学目标	目标制定	1. 目标明确具体,符合学科课程标准和学生的心理特征与认知水平。	5	√			
	达成情况	2. 教学实施与教学目标一致,达到预期效果。	5		√		

续　表

评价维度	评价项目	评价要点	分值	评价等级			
				A	B	C	D
				1.0	0.8	0.6	0.4
教师行为	教学组织	3. 注重培养学生的问题意识，能够激发学生的好奇心。	10	√			
		4. 能够创设有效合理的情境，培养学生兴趣，促进学生的求知欲。	10	√			
		5. 能够引导学生主动探索发现，从不同角度思考问题，发掘学生的创造力。	10		√		
	课堂评价	6. 能够为学生建立支持、接纳和友好的课堂氛围。	10	√			
		7. 能够为每个学生提供公平、平等的学习和沟通机会。	10	√			
		8. 能够积极鼓励学生自主学习、相互合作。	10	√			
		9. 能够建立良好的课堂秩序，稳定学生的学习情绪。	10		√		
学生行为	学习状态	10. 主动学习、兴趣浓厚、思维积极、乐于表达、协作讨论、课堂气氛活跃。	10		√		
	学习效果	11. 达成学习目标，有成功体验和不同程度的收获。	10		√		
总体评价	目标明确，符合四年级学生的认知水平，注重培养学生问题意识，能激发学生的好奇心。课堂氛围温馨友好，平等公正。						
总分	90	等第	优	评议人	江迎晓		
备注	累计得分 90 分及以上为优，80～89 分为良，60～79 分为中，60 分以下为差。						

第五节　打造基于童心的高效课堂

打造基于童心的高效课堂是建设基于童心的课堂心理环境的实现方式，可以通过建构童心课堂基本模型、创设童心课堂教学情境、设计体验式教学活动、点面结合开展全校教研、改善师生课堂互动方式等途径得以落实。

一、建构童心课堂基本模型

建设基于童心的课堂心理环境需要打造童心课堂，以童心课程体系为载体，建立以小学生为中心的课堂理念。小学教育是针对个体的童年成长实施的教育。童心课堂是以遵循儿童发展规律、适应儿童天性为宗旨，以儿童的需求为基点，让儿童愉快地、主动地经历学习实践活动，在纯真的学习表现与交流中，精神得到满足，个性得到成长，能力得到发展的课堂。童心课堂的课堂形态是珍视童心、呵护童真、体验童乐。童心课堂在教学的每一个环节始终“以童为本”，珍视学生内在的天然的童心，呵护学生流露的清纯的童真，通过有效的教—学互动的动态教学，让学生真正感受到学习带给他们的快乐，变“教”学生为“激发”学生。从激发学生的学习动机出发，以“问题”开始，经历“引发儿童好奇心”“促进儿童求知欲”“发掘儿童创造力”的动态过程，建构童心课堂的基本模型，如图 5－16 所示。

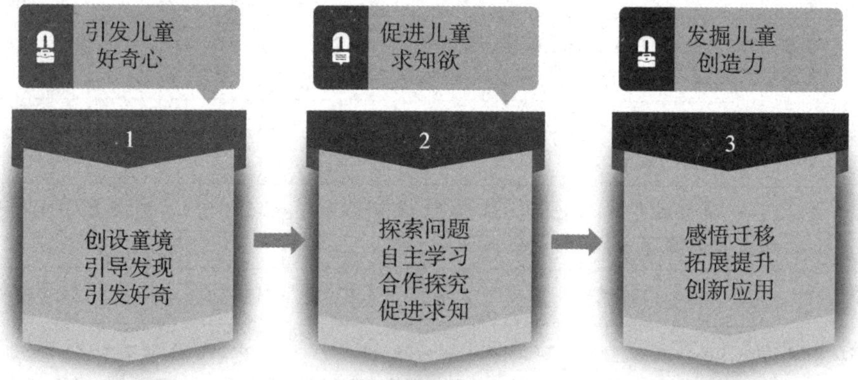

图 5－16　童心课堂基本模型

首先，创设童境，引导发现，引发学生好奇心。小学阶段的学生具有活泼好动、注意力难以长时间集中、好奇心强等特点，教师在科学教学中，要善于运用学生课堂教学表现的特点，通过直观演示、言语营造、引导对比等方式，将学生的好奇心逐渐转移到生活中科学现象和课堂教学实验中，逐步引导学生形成科学探索精神以及发散性创新精神，从而促进学生的全面发展。

其次，提出探索性问题，引导学生自主学习、合作探究，促进求知欲。教师在课堂教学中可以通过组织小组活动等让学生之间写作交流，搭建合作的平台，解惑释疑。

再次，引导学生感悟迁移，拓展提升，实现创新应用。教师在课堂中可以鼓励学生勇于实践，将所学知识拓展延伸，灵活迁移应用。

例如，小学语文课堂的提问技巧，教师可以抓要点设问，促进儿童思维发展。小学阶段是幼儿步入正式课程学习的转折点，由于他们的年龄尚小，可塑性非常强，在这个阶段培养他们的创造力与创新能力是非常重要的。而对于激发小学生的好奇心与想象力，需要小学语文教师根据他们的身心特点制定合理的学习计划和学习安排。通过童心课堂的打造，为学生提供支持接纳、公平公正、自主合作、秩序良好的课堂心理环境，从而有效提升小学生的童心水平。

二、创设童心课堂教学情境

在课堂教学中，教师选择合适的教学情境，有利于学生对知识的掌握与理解。创设基于童心的课堂教学情境有助于为学生提供“支持接纳”“公平公正”“自主合作”的课堂心理环境，最终提升学生的童心素养。例如，可以通过如下三种策略创设相应的童心情境：

第一，运用实物提升情境创设的真实性。在课堂中实施情境教学时，可以借助于照片、挂图、板画、实物、模型、标示、多媒体等创造直观的形象，让学生的多种感官同时参与学习。例如，在语文教学中，老师在教授《九寨沟》这篇课文时，可以在课堂上利用图片、视频等方式，把九寨沟的美丽景色向学生直观地展示出来。这样有利于学生正确理解课文，深刻感悟九寨沟雪峰插云、古木参天、平湖飞瀑等的深刻含义，从而更有助于学生体会作者欣赏大自然，热爱大自然的心境。同时，借助学生在生活中的实际物品去创设课堂情境更容易引起学生的共鸣。在小学课程中，有许多内容都与学生的日常生活息息相关，教师在课堂中可以利用实物创设真实而又自然的情境感染学生，提高学生内化知识的兴趣与效率。

第二，运用游戏增强情境创设的趣味性。在小学语文和英语等科目的教学中，学生面临着既难学又枯燥的知识点，如果老师善于运用丰富多彩的游戏活跃课堂气氛，就可以有效地调动小学生的学习积极性，解决课堂上枯燥无聊的复习环节。例如宾果游戏、开火车游戏、魔力眼游戏、问答游戏等。游戏教学法既能解决小学生在课堂上做小动作，注意力不集中等问题，又能充分调动他们的学习积极性，增强学生学习的兴趣。

第三，运用表演提高情境创设的互动性。课堂表演是创设有效情境最行之有效的教学手段。教师可以引导和鼓励儿童扮演教材中的主人公角色，或将动物角色拟人化，例如，请学生充分发挥想象力扮演小骆驼，教师创设沙漠情境，让儿童从骆驼的视角自我介绍骆驼的特点等，有助于学生将相关的知识进行内化，同时也有助于培养学生自主学习的能力，让学生感知到教师的支持接纳，更有助于童心的培养与发展。

三、设计体验式教学活动

体验式课堂教学法是指在教学中为达到既定教学目的，从教学需要出发，以学生为主体，为学生创造实际的或重复经历的情境，呈现、再现或还原教学内容。通过主动参与，自我感受，自主探究体验活动，学生在生生、师生交流中形成生与文本的对话，进行知识建构、自我表达的教学形式。体验式课堂教学的基本环节可分为情感预热阶段—体验探究阶段—内化提升阶段。首先情感预热，引导学生处于适度的兴奋状态，进而推进合作互动的体验活动，从做中学，通过体验搭建生与文本对话的平台，培养创造性思维及个性化的发展，达到知行合一的内化效果。

教师要立足心理逻辑与学科特点，巧妙设计体验活动。低学段的学生以形象思维为主，在进行体验式课堂教学设计时宜选择图画、实物等具体可观的方式调动学生的积极性；中学段的学生开始具有抽象思维，但仍有极大的具体性和形象性，应将直观展示与探索结合，鼓励学生自主探究，给予支持与信任；高学段的学生抽象逻辑思维能力逐渐增强，具备一定自学能力，鼓励学生通过体验发现、分析和解决问题，锻炼学生逻辑表达能力和综合运用能力。

教师在进行体验式课堂教学时，应充分利用传统与现代教学手段的优势，不必拘泥于一种形式，灵活选择教学方法促成体验更好地生成。例如，组织知识性体验活动，在课堂讨论中解决问题；突破课堂限制，在课外实践中内化所学知识；设置多元化体验练习，多角度深化体验感悟；引导和鼓励自学探索，基于教材适当延伸，拓宽视野等。

四、点线面结合开展校本教研

教研活动是教师专业发展、快速成长的有效途径。教师专业发展的过程实际上就是教师不断理解教育的内涵、探索教学策略、提炼学科知识与技能、担负教育责任、完成教育使命的社会化过程。教师的专业程度和发展水平直接决定了教育教学质量和学校办学层次。构建教师、备课组、教研组三位一体的联动机制——“点、线、面”式教研文化，可以打破教研的种种局限，有效提高校本教研的实效性，把教研活动做新、做实、做强，促进教师专业成长，这是建设基于童心的课堂心理环境的必要途径。

第一，教师是校本教研文化的“点”。教师要明确专业成长目标，激发自我超越的内在动力。同时，不断调整教研结构形态，倡导“反思—学习—调整—升华”式。教学与反思相结合，不仅能够帮助教师在实践中获得理性的升华和情感上的愉悦，提升自己的思维品位，更能激发其积极寻求专业成长的热情。另外，也可以借鉴榜样成功经验，通过向同行前辈学习，参加校际教研，促使个体不断提高。

第二，备课组是校本教研文化的“线”。突出备课组长的作用，指导制定因人而异的专业成长目标。同时，明确备课组工作任务，抓课例，引领提升，总结备课组成功经验。

第三，教研组是校本教研文化的“面”。首先，制定教研组发展规划，在每学期第一次教研组活动时，引导组内各层次教师及备课组制定教学计划、学期发展目标等。其次，搭建专题研讨大平台。运用教研组公开课的形式开展专题研讨，每位教师每学期至少上一节专题研讨课。另外，每个月利用教研组活动时间，结合组内公开课内容组织教师进行技能与理论学习，例如“多元智能理论”的运用等，从技能和理论修养上提高教师的专业素养。

在实践中，教师们可以通过组织教学展示为全校教师搭建一个互观互学、共学共研的平台，进一步提升全体教师的育人育心能力；撰写课堂教学案例，开展“童心教学”案例的评比；进行专题教研活动。例如，围绕“基于童心的课堂心理环境建设”这一主题开展教研活动。数学教研组结合《小学数学课程标准》和“童心”课堂的要素，进行教学设计《垂直》一课。在课堂实施中，调动学生用自己的眼睛观察，用自己的头脑判断，用自己的语言表达，通过探索及合作交流的学习方式，自己完成对知识的认识，使学生的学习变得更生动，打造富有童真的童心课堂。

五、改善师生课堂互动方式

每个小学生都具有独一无二的特点，教师可以改善与学生的互动方式，关注小学生的个性化，实施个性化管理，增强学生感知到的教师支持接纳和公平公正程度。在教学背景中，为学生提供公平、平等、公正的学习、沟通、发展等机会；在师生之间建立支持、接纳和友好的人际关系。在课堂生态方面，对每一位学生报以积极的期望，顺应小学生向善、向美、好奇、好问的天性，给予学生充分的鼓励、支持与认可，顺应小学生的认知、发展规律，让小学生在教学活动中能自信地学习，得到提高和可持续发展。

第六章

基于童心的课堂物理环境

创建基于童心的课堂物理环境是践行童心教育、建设基于童心的课堂心理环境的基础保障。

课堂物理环境的好坏能够直接影响学生的课堂情感体验。客观事物若满足个体的需要则有助于积极情感的生成。课堂物理环境是影响学生情感体验的外部刺激源。良好的课堂物理环境能给学生以舒适感、安全感和愉悦感,能激发出学生积极的情感体验,形成乐学的心理状态。宽敞明亮的教室、优美的教室布局等,会激发学生学习的兴趣、动机,学习行为会积极主动,这有利于课堂教学活动的展开;而单调、空洞、贫乏的教室布局,更容易诱发学生的厌烦情绪和纪律问题,也可能降低学生的学习动机。

基于童心的课堂物理环境不仅仅指具有干净整洁的教室、齐全先进的教学设备,而且要求教室的整个空间,包括课桌椅的排列、教学物品的摆放、墙壁布置等都要有利于学生的活动和发展,不仅仅静态地从学生的健康和安全考虑,而且要有动态的效果,对学生的身心有积极的潜移默化的陶冶和感染作用。课堂活动的时间安排不仅要符合学生的身心发展规律,而且要使每一个活动时间都能成为对每个个体成长有实际意义的“正时间”,避免出现“零时间”或“负时间”。另外,教室的采光、温度的控制、色彩的搭配都不可是随意的,而是要符合一定的科学标准,遵循一定的心理学规律和原理。总之,基于童心的课堂物理环境的创设必须能够体现出以下三个原则:(1)必须适合儿童的生理心理需要,注重科学性;(2)注重提供丰富多彩的适宜刺激,激活儿童的童心;(3)注重其对儿童心理的愉悦性,保持积极的学习态度。这样设计出的物理环境就不仅仅具有物质的意义,而且具有丰富的精神内涵,它深入到师生的心灵,在促进师生活动效率提高的同时,促进学生心智的发展。

第一节 美化调节室内环境

基于童心的教室环境设置必须是丰富多彩的,室内的美化并非要求教师成为一个室内装潢师,或花很多钱为儿童创造一个愉悦的环境。教师可以充分发挥儿童的智慧与才能,让他们自己动手装饰教室。儿童的参与有助于培养他们的主人翁意识、责任心及对班级的荣誉感。建议如:(1)教室的布置要富于变化,提供丰富多样的适宜刺激;(2)教室要保持整洁,没有杂物、垃圾;(3)使用亮丽的色彩,与班级的主色调相一致,例如,设置色彩明朗、信息丰富、有利于活跃气氛的黑板报或展览一些儿童自制的作业、海报、文章或手工艺品等。

案例 6-1:喜迎六一,我的教室我布置

小小的一间教室,不仅承载着孩子们的成长与梦想,而且体现出孩子们天马行空的想象与无穷的创造力。以往的节日教室布置都是由老师一手操办,但在今年六一儿童节来临之际,为给孩子们留下不一样的“六一”幸福回忆,张老师宣布这次的教室布置由宣传委员带头,全员参与出谋划策,运用已有的美术技能,布置出自己心目中的教室。

这个任务发布以后,激起了同学们的热烈反响,大家展开了激烈的讨论。

“我们教室里哪些地方可以布置呢?”

"我刚学了手工折纸花,是不是也能用上!"

"布置之前应该先把教室打扫干净吧!"

"我刚种出一朵向日葵,可以拿来放在后面吗?"

"我们可以分组,每组负责不同的地方布置!"

……

本以为是个比较困难的任务,没想到大家的参与度非常高,你一言我一语的,金点子好想法一个个往外冒,最后张老师跟宣传委员一起协调,根据大家的特长分了组,大家开始分别准备起来,约定好在"六一"前一天下午一起布置。

过程中每个小组的完成情况宣传委员都在跟进,产生的问题也都及时跟张老师商量解决方案,布置的那天大家都各司其职,有打扫的,有贴画的,有画黑板报的……每个学生都在这次布置中出到了自己的一份力,最终整个教室的布置虽然稍显稚嫩,但是也像模像样的。从门口到窗户都贴满了"手工大师"们的作品,甚至连墙上挂着的时钟都没放过,也穿上了"花衣裳",黑板上还有"书法大师"以及"绘画大师"的大作,整体布置充满了童真童趣,赢得了学生和老师们的一致好评。想到能在自己布置的环境中度过这个属于他们自己的节日,每个人脸上都洋溢着笑容。

让学生用能干的小手自己完成"喜迎六一"主题环境创设,能让学生身临其境地感受、体验,使他们体验到同心协力完成任务的快乐,激发学生对集体的认识和热爱。

另外,教师可能无法完全控制教室中的物理环境,如温度、通风、照明、噪声等,但是教师可以在现有的环境中为儿童作一些调节,这些调节有助于激发儿童的好奇心、求知欲和创造力。从学生方面来讲,教师可以采取如下一些方法:(1)如有需要,允许学生调整座位;(2)安排座位时注意不要让学生对着窗户或背对着光;(3)板书字应该大且清晰,使学生都能看清楚;(4)良好的通风和光线;(5)为减少噪声制订并认真执行走廊和教室活动细则;(6)保证学生必需的教学和学习设备材料;(7)制订规则,并明确对儿童的要求和指导。

第二节　安排学生课堂座位

小学儿童的课堂座位排列方式多种多样,其中,行列排列不利于班级讨论或小组活动的展开，环形排列则更方便班级讨论或合作任务的完成，但它却不利于课堂讲授和演示，因为环形排列不可避免地使一部分学生无法面对教师。因此，学生座位的排列应当综合考虑教师的教学特点、学科课程特点和学生特点。当前很多教师喜欢以 4～6 个学生为一组安排座位，因为这样的布局有利于小组讨论、合作学习或其他小组任务的完成。但是座位安排的最终效果应由学生决定，教师的责任是管理学生的座次、分组。安排和调整座位的建议如：(1)将较差的学生与优秀的学生安排在一个小组中，有助于提高学生的课堂积极性。(2)将对同伴依赖性强、注意力不强的学生与自我动机较强、有组织能力和工作能力的学生安排在一起。虽然自我动机较强的学生并没有管理其他同学的责任，但长期帮助、管理同学，也有助于这部分学生的发展。

案例 6－2：课堂座位有讲究，同质异质共成长

给学生排座位是一件看似简单、实则复杂的事情。好的座位安排有利于学生的学习、人际交往，也能帮助老师更好地管理班级。为确保每个孩子上课时能看清黑板，开学时宋老师的教室座位是按照身高进行排列的，相邻的前后四人为一个学习小组，学生自主推选出组长来组织进行日常的小组讨论。

实行了一段时间后，她发现每次小组讨论结束后举手发言的总是几个固定的小组，其他小组都“悄无声息”。去了解情况后发现，按座位分配的各个小组之间，能力存在很大的差异，有的小组整体学习能力较强，讨论任务刚布置下去全员都能积极参与，而有的小组组员能力较弱，参与积极性不高，组长也无法做好组织，所以一到讨论时都没有热情，无法人人都参与思考讨论。

于是，为了做到启童智、促童思，让大家都能参与到课堂讨论中，小宋老师按照“组内异质，组间同质”的原则进行分组，并对班级座位做了相应的调整。所谓组内异质，就是小组成员在性格、成绩、动手能力和表达能力、家庭等方面有一定的差异性和互补性，将对同伴依赖性强、注意力不强的学生与自我动机较强、有组织能力和工作能力的学生安排在一起，并选取能力强的学生为组长。而组间必须同质，即小组间尽量减少差异，使其各方面情况相当，尽量使各小组之间的竞争公平、合理，充分发挥合作学习优化组合、优势互补、相互促进的优势。

在做此调整后小宋老师发现，在课堂讨论时学生们的参与度更高了，组长们会很好地分配每个人的任务，督促每个组员参与到课堂讨论中。在进行了有效的讨论后，发言时举手的学生也变多了。除此之外，虽然并没有要求能力强的学生承担起管理其他同学的责任，但因为座位的调整，在他们的言传身教下，之前能力较弱的学生明显在听课效率包括作业完成等方面都有了进步和提升，小组长们长期帮助、管理同学，也有利于自身的发展。

另外，课堂座位的安排应当是不断变化的，而不是长期不变的、单一的课堂座位排列方式。因为课堂教学过程中座位形式的变化，实际上是改变了课堂中教师和学生、学生和学生相互之间的身体活动关系。这必然有助于促动教师、学生之间构筑一种新的联系方式，会促动师生以一种新的方式进行交流。另外，学生在这种课堂新的活动方式以及新形势下的身体活动，会激励他们学习情绪的高涨和积极性与主动性的增强。这种新型的课堂座位环境提高并增强了学生身体活动的范围，使儿童在一个更广阔的空间范围内与教师、同伴进行交流，有利于开展更多的实际操作活动，同时也给学生创造了更多的选择机会、发挥自己主动性的机会、发展和提高自己才能的机会，有助于实现支持接纳、公平公正和自主合作的课堂心理环境建设。

第三节　扩大中心活动区域

所谓中心活动区域是指积极参与课堂活动的学生所坐的区域位置。在大多数课堂中，总有一部分积极参与课堂活动的学生，他们是教师注意的中心，是教师提问和交流的重点对象，而这些学生也会在讨论中以热烈的发言回报教师的期望。另一部分学生则很少参与课堂活动，他们总是保持沉默，或做其他事，或与同学说话，他们的行为往往导致纪律问题，不利于建设秩序良好的班级环境。

中心活动区域包括前排中间部分及中间过道两侧的学生，课堂上 64%的问题是为这个区域里的学生准备的，而且教师上课时，也常在教室前排或中间位置走动。该区域对学生的成长与发展有着重要的作用。教师必须尽力扩大中心活动区域的范围。例如，上课时，教师就应有意识地多变换位置，不仅仅在教室中间或前排走动，根据学习活动改变学生小组等。如果有条件的话，教师还可以任意选择不同布置的教室，因为同一间教室无法符合每个教师教学的需要，教师必须变换教室中的物质环境，提供有利于不同教学情境的活动区域,并更换设施创造临时教学环境,有利于促使学生感知到教师与同学的支持接纳、公平公正的课堂环境,实现学生间的相互合作、共同进步,减少消极的情绪体验,创造和谐有序的童心课堂环境。

案例6-3:独特的习作课堂,让习作妙趣横生

习作是小学语文学习的重要板块,也是许多小学生语文学习之路上的“拦路虎”。如何上好习作课?如何调动所有学生主动参与到习作教学课堂中?小潘老师关注学生习作的差异,创设了独特的习作课堂教学环境。

首先,成立学习中心小组。潘老师根据班级内学生的性格特点和学习能力差异,把学生分为四个学习中心小组,分别为发现中心、艺术中心、阅读中心和表演中心。发现中心的组员多为逻辑推理、分析能力较强的学生;艺术中心的学生擅长画画,能够用图画呈现自己的想法;阅读中心的学生主要是对语言文字的掌握和灵活运用能力较强;表演中心的学生有较强的音乐感,对音乐的感知、欣赏、表达的能力强。四个中心的创设,改变了传统的教学环境,激发了学生习作的兴趣,更是促发了学生的童心,促使他们相互合作、发挥创造。

其次,明确小组人员分工。潘老师为每个学习中心进行了组员分工,每组内设有主持人、教练员、记录员、汇报员等不同角色。其中,主持人最重要,是由组内组织能力和合作意识较强的学生担任,他要对本组成员进行分工,组织本组有序地开展学习活动;记录员的职责是将小组学习过程中的重要内容记录下来;教练员则是要根据学习任务指导帮助组内学习能力较弱的学生;汇报员就是要将本组学习的情况进行归纳总结,然后全班进行交流汇报。在这样的课堂环境中,既让学生明确了自己的分工,承担自己的责任,又促使他们相互支持、密切合作,共同进步。

最后,设计中心学习任务。在潘老师的习作课堂中,她还根据每个学习中心的特点,设计了不同的学习任务,将学习的主动权交给了学生,真正为其搭建了表现自我的舞台。如在《中国的世界文化遗产》习作教学时,潘老师就设计了这样的中心小组任务单:

“发现中心”任务单

1. 自读阅读材料,梳理若干个方面的长城信息。
2. 根据以上信息,对资料进行整理、筛选、补充。
3. 再次梳理完善后的资料,用思维导图表现出长城的相关方面。

“艺术中心”任务单

1. 自读阅读材料，分类整理长城的相关资料，如描绘外观和结构的，讲述相关的故事。
2. 小组分工，每人选择一个方面，用绘画作品表现出来。
3. 介绍自己的作品。

不同的学习中心，学习的任务有差异，但是却充分发挥了组内成员的优势，使学生对语文习作的学习不再畏惧，充满自信。四个中心、四个小组，使习作课堂生机勃勃，焕发了不一样的光彩。

在潘老师的习作课堂中，通过四个中心小组的创建，中心活动区域向四周扩大，这样的扩大，有效调动了学生的热情，解放了学生的创造能力。学生们拥有了最大程度的自由度和自主性，童心得到了真正释放，每个人也都得到了个性化的发展。

第七章

基于童心的课外实践活动

第一节　基于童心的实践活动

学校秉承“以人为本、弘扬个性、和谐发展、共同成长”的育人理念，持之以恒地开展丰富多彩的校园文化生活，营造良好的育人环境，培育学生健康的身心、阳光的心态、良好的品质、高雅的素养，培养“守规范、会学习、勤实践、能创新、增自信”的新时代好少年。组织基于童心的实践活动是建设基于童心的课堂心理环境的重要辅助形式，可以通过组织教师读童书活动、走班制社团活动、主题式实践活动等方式落实。

一、组织教师读童书活动

陶行知先生认为，一名老师“必得会变成小孩子，才配做小孩子的先生”。因为，“你若变成小孩子，便有惊人的奇迹出现：师生立刻成为朋友，学校立刻成为乐园。你立刻觉得是和小孩子一般儿大，一块儿玩，一处儿做工，谁也不觉得你是先生，你便成了真正的先生”。如果老师没有一颗童心，总会用成年人的思维去看待和判断学生行为，老师也不会被学生当作知心朋友。而读童书，对于缩小师生间“代沟”大有裨益。童书写的是孩子的故事，讲的是孩子的喜怒哀乐，老师读童书，可以体验孩子的生活，了解孩子的心理，掌握孩子的思维方式，知晓孩子行为背后的心理变化、认知发展等。一言以蔽之，童书可以令老师的“心”返老还童。

学校可以将每年的 4 月 23 日“世界读书日”设置为小学“教师读童书日”，教师与学生“共读童书，相约童年”，把最美好的童书给最美丽的童年，通过读童书真正建立起师生之间近距离的心理碰触，做到更好地了解儿童的心路成长历程和思维方式。无论哪个学科的老师，都有必要广泛阅读童书，因为童书是消除师生之间“代沟”的法宝。这样师生就有共同的话题和语言，老师就能够用孩子的思维去解读孩子的行为。

案例 7 - 1：我与你共读一本书：“读—摘—谈”

一是读原文。米·伊林的《十万个为什么》用屋内旅行记的方式，对日常生活中的许多事物提出饶有兴味的问题，进行有启发性的解释。在班级同学的大力推荐下，语文学科徐老师选择与班级学生一起共读这本书。而在自读之后，徐老师融入学科教学的思想，选择与班级同学在班级合作朗读这本书。通过个别通读与集体朗读的方式梳理了这本书籍的主要内容。

二是摘原句。科普类书籍能够帮我们形成正确的科学观，培养我们的科学素养，让我们理性地认识世界。《论语》有云：“学而不思则罔，思而不学则殆。”在阅读中发现了好词佳句，要勤动笔墨，摘抄下来，边阅读边思考，才能做到活学活用、融会贯通。徐老师带领学生一起共做读书笔记，将书中有趣的科学小知识记录下来，制成小报，并学着孩子的样子，给小报绘上各种图案与边框底纹，展现出了浓浓的科学味与属于孩子的审美感。

三是谈心声。好书,像长者,谆谆教导;似导师,循循善诱;如朋友,心心相印。更重要的是,对于这样一本童书,作为成人的教师与还是儿童的学生究竟有着怎样的不同感悟,这值得一起碰撞交流。这当中有着不同的视角和立场,而作为需要站在儿童立场,基于儿童思维进行教育教学的教师尤其需要倾听儿童的心声,去发现儿童的独特思维模式与令人意想不到的好奇心。为此,徐老师特地在班级举办了一场"我话《十万个为什么》"的读书交流会。徐老师作为一名语文教师,从一篇读后感所应具备的要素出发,先是梳理了书籍的主要内容,接着选取其中一个科学知识进行了概括性的解释,并发表了对于自己生活的启发。可当她走下讲台倾听学生们的心声时,她神奇地发现学生们结合自己的生活,针对书中说到的科学小知识冒出了更多个为什么……

读童书活动的开展进一步拉近了师生之间的距离,使原本高高在上的权威性教师变得更加平易近人,师生间的一次次合作分享也是增进师生感情的重要环节,读书后的心声交流提升了师生间的共情能力,让老师主动思考学生的心理活动,让学生理解老师的判断决策,最终改变传统课堂的教学模式,保护学生的好奇心和求知欲,不断激发学生的创造力,让课堂回归"童心"。

二、组织走班制社团活动

"走班制"就是不把学生固定在一个教室,或根据学科的不同,或根据教学层次的不同,学生在不同的教室中流动上课。"走班制"具有凸显学生的主体地位,调动学生的学习主动性,提升学生的自信心等特点,在教学中被越来越多的教育体系采用。

学生的个体发展存在多样化和个性化的特点,组织基于童心的实践活动可以满足和适应学生的成长需求,最大限度地培养学生的个性。开发和实施"走班制"社团活动为学生的童心发展创造条件。

"走班制"社团活动打破了原来常态下的年级和班级界限,学生根据自己的特长和爱好,自主选择学习活动和指导老师,打造一种培养学生综合实践能力与兴趣特长相结合的教学模式,在此背景下,学校特开设必选、兴趣和专长三类个性化社团活动。一是必选类社团活动,学校可以利用晨间、课堂和课间等时间,开设礼仪教育、音乐熏陶、文化阅读等活动,为发展学生的综合素养奠定良好的基础。二是兴趣类社团活动,此为自选,内容涉及语言、生活、艺术、科技等众多领域，具体时间各年级可以自定。三是专长类社团活动，此为双选，例如，开设球类、舞蹈等课程活动，利用本校教师和校外专家的相关专业优势，开展专业性的指导与训练。

案例 7－2:“中国通史”兴趣课社团活动

每学年伊始，学校会对新学期的兴趣课重新进行筛选，各位老师也积极参与其中，发挥各自的专长，希望能用自己的力量让学生变得更有学习主动性和积极性。董老师平时对中国历史颇有研究，她经常翻阅历史古籍，收集各种历史故事，已经形成了自己的“历史资源库”，因此在这次的兴趣课上报中毅然决然地选择了《中国通史》兴趣课，并精心准备了课程介绍，希望能在筛选中脱颖而出。功夫不负有心人，当董老师知道自己可以教给学生历史知识时，心情异常激动，脑海中也浮现出学生们那一张张求知的脸庞……

终于到了选课的日子，董老师早早地拿着课程海报来到操场上，铃声一响，学生们犹如潮水般涌向操场，大家有的左顾右盼，思考着自己到底要选哪门课，有的直奔目标，心中早已拿定主意，生怕被别人抢了名额。不一会儿，董老师被前来报名的学生给团团围住，大家纷纷报着自己的班级姓名，询问着课程的具体内容，董老师都耐心地一一回复，并告知学生上课的班级和时间。转眼间，学生们都拿着各自的课程确认单，满意地离开了操场。

第一次兴趣课的时间到了，学生们从自己的教室蜂拥而出，三三两两地奔向兴趣课教室，大家迫不及待地想要打开“未知世界”的大门，想要看到不一样的画面，感受来自“兴趣王国”的魅力。董老师缓缓地站到讲台上，看着陌生而又充满活力的学生，他们个个都怀揣着“十万个为什么”，想要从她那里汲取中国的历史，获得博古通今的能力。她打开准备已久的课件，精美的图片瞬间将学生带到了那几千年前的夏商周时代，也为学生打开了历史的宝盒，让学生有了探索中国历史的欲望和机会。

董老师的“中国通史”兴趣课就是在“走班制”的背景下所产生的优质课程，它让对历史感兴趣的学生有了了解中国文化传统的契机，也让更多学生有了选择兴趣爱好的机会，让课堂“动”了起来，让学生“活”了起来，保留了学生的好奇心，更激发了学生的求知欲，同时也培养了学生的创造力，将基于童心的实践活动落实到了实处，为总目标的实现创造了有利的条件。

三、组织主题式实践活动

主题式实践活动可以让小学生“玩中学”“做中学”,感受、体验与探索真实世界,形成对自我、社会和自然的认识,渗透和落实“遵循儿童立场、关注个体差异、关注终身发展”等课程理念,有效培养学生的童心,为建设童心课堂心理环境创造有利的条件。

主题式综合活动课程面向学生真实的生活世界选取主题,从学生的家庭、社区、校园和自然环境等真实生活中寻找主题,引导学生亲近生活、观察生活、体验生活,组织各类实践活动。在主题式综合活动课程中,学生将在实践、体验、探究等活动中获得更多的任务管理、社会交往、多元表达等机会,获得更多兴趣培育和习惯养成的机会。主题式综合活动课程与学科课程基于标准的教学与评价相辅相成、相互支撑,让学生具备知识性学习和社会性成长“两条腿”走路的本领。

有鉴于此,我校围绕“认识自然与社会”“认识自我与他人”两大主题开展了相关实践与探究活动,诸如“跟着节气学劳动”“我的校园我来赞”“谁是我的好朋友”“我的十岁生日”“寻访红色景点”等活动,旨在挖掘童心之价值,在活动中进一步彰显童心、滋养童心。

毫无疑问,大自然的博大神奇、变幻和美丽,是孩子增长知识、开阔胸怀、陶冶性情的好机会。让孩子体会欣赏自然之美的乐趣,这是培养孩子天赋的好方法。为此,我校有意识引导学生走进自然,观赏自然,发挥孩子的主动性,用画作、用笔尖传达独属于他们对校园的爱。

案例 7-3:项目化实践——寻找校园之美

语文课程标准(2022 年版)首次提出了“创意表达”,其实质体现了思维的创造性。通过表达情意的个性抒发,让表达内容走向独特化,表达形式走向多样化。为了科学有效地落实创意表达,需要学生以自我唤醒来抒发真实情意、以多向发散来生发创意内容,以及以关联生活来丰富创意形式。基于此,我校四年级语文组立足校园情景,结合统编教材四年级上册第一单元“自然之美”和四年级下册第三单元“现代诗歌”这两个人文主题的学习,为学生创设了“校园美景,我来荐”的情境性学习任务,开展了主题为“好春光,与诗文同行”的项目化实践活动。

首先,围绕驱动问题,设计活动子任务。四年级组围绕本质问题“如何围绕自然美景创作现代诗文?”与驱动性问题“请你与小伙伴寻访校园美景,并创作现代诗文,并召开校园美景推荐会”开展了项目化实践活动。具体来看,本次项目化实践活动的总任务是“校园美景,我来荐”,就此任务教师组织学生进行活动分组,组织小组讨论:如何分阶段开展好此次活动,最终圆满完成此次项目化任务。学生集体交流,师生共同总结,最终确定了“最优诗文我来赏”“最美意象我来绘”“最佳作品我来诵”三个子任务。

《校园美景,我来荐》项目化实践活动设计

活动阶段	活动子任务	具体学习要求
入项活动	“最优诗文我来赏”	了解现代诗文的特点;学习描写美景的顺序与方法
实践过程	“最美意象我来绘”	寻找校园美景;选择写作意象;创作多样化诗文
出项活动	“最佳作品我来诵”	作品展示与欣赏;开展多种形式的创意表达

与此同时,学生们还自行设计了此次小组合作活动的评价表,为后续的活动合作指明了方向。

小组合作分工评价表

评价内容	内　　容	评价
责任分工	能积极、按时完成小组分配的任务,顾全大局,有合作精神。	☆☆☆☆☆
创作修改	乐于和小组成员分享创作的诗文,在倾听小组成员意见后,试着修改作品。	☆☆☆☆☆
诵读展示	愿意和小组成员一起通过诵读交流的形式进一步感受诗文的无穷魅力。	☆☆☆☆☆

其次,在项目化实践活动中,教师致力于引导学生基于任务情境,落实“创意表达”。一是通过入项活动,透析诗文写作特点。四月初,学生们在老师的引领下,品读冰心的三首短诗、艾青的《绿》、苏联诗人叶赛宁的《白桦》和戴望舒的《在天晴了的时候》,了解到了现代诗和古诗的区别,感受现代诗饱含情感、想象丰富、语言表达独特的特点,走进丰富多彩的诗歌世界,体会诗歌的情感。接着,学生在老师的引导下进一步广泛阅读各类名家现代诗歌作品,从中选出自己喜欢的诗歌,进行诵读、品味。随之,学生以小组合作的方式给诗歌进行分类,通过摘抄的方式积累自己喜欢的诗歌,了解诗歌的特点,体会诗中的情感,学习作

者各不相同的写作手法。他们还别出心裁，设计了逻辑清晰、具有创意的思维导图梳理诗文创作的要点。二是学生自主开展实践活动，争当校园美景寻访与创作者。在花团锦簇、满园缤纷的校园里，出现了一群群阳光少年。他们以小组为单位，按照校园的方位顺序，用充满善于发现美的眼睛依次游览了长廊、明园、小木屋、操场、篮球场、小径……通过实地探访，校园的美景深深地刻入了孩子们的心中，孩子们赏春归来，兴高采烈地回到教室，认真地用画笔留住春天校园的美丽。

实地探访之后，学生们选择自己最喜欢的校园美景，开启了奇妙的创作之旅。完成后，他们迫不及待地把完成的作品读给组内的伙伴们听，并相互提出切实可行的改进建议。经过细致的修改，诗文主题更鲜明，语言表达更生动，读起来更有韵律。同学们互相交流、评价，并选出代表参加后续的最佳诗文诵读会。心灵手巧的他们还给诗文配上了一幅幅精美的插图。

诗文创作评价表

评价内容	自评	互评
能够选择恰当的意象，并收集、整理信息	☆☆☆☆☆	☆☆☆☆☆
用词准确，能使用平时积累的好词佳句，语句通顺流畅	☆☆☆☆☆	☆☆☆☆☆
能多处使用恰当的修辞手法，充分表达情感	☆☆☆☆☆	☆☆☆☆☆

此外，在出项活动中，小小创作者们还召开了诗文诵读与发布会。四年级各班在教室里开展了“好春光”主题诗文诵读会。一位位小作者精神饱满，积极参与。他们声情并茂、抑扬顿挫的朗诵精彩纷呈，展现了诗文的写意与浪漫，为校园增添了浓厚的文化韵味。小观众们全神贯注地欣赏着、品味着，在诗海中徜徉，深深感受到了诗文的魅力，领悟到了诗文的美好。

“好春光”诗文诵读评价表

序号	朗诵者	评价标准					得星数
		吐字清晰	诵读流利	抑扬顿挫	举止大方	感染力强	
1							
2							
3							

朗诵会结束后，学生们意犹未尽，评选出了最佳作品与最美推荐官。小小推荐官带着自己的作品，举办了“好春光与诗文同行”发布会。他们观赏得那么认真，这次活动让更多的同学感受现代诗歌的魅力，点燃诗文创作的火种。

《校园美景，我来荐》主题式项目化实践活动，立足于学生的生活场景，以学生为中心，注重实践，寻访美景，运用儿童思维，重组儿童独有的生活经验，创作多样的美景推荐诗文，并进行多样化的表达。在本次实践活动中，学生发挥“童心”，以“推荐校园美景”为目标导向，依托小组合作的方式，在解决创作问题的过程中，深入了解和强化了语文学习中的知识，如：如何提炼诗歌意象、可以运用哪些能按照一定顺序介绍一个好地方的技能，最终在有效习得各项语文要素的同时，亦增强了自身解决问题的能力。更重要的是，在这个自主探究与实践的过程中，“童心”之价值得以彰显且进一步被强化。

四、组织特色式排球项目

育童小学是浦东新区排球特色学校，不仅成立了排球社团、设立了排球节，一到五年级还分别组建了排球队，形成了完整的梯队。作为浦东新区体育传统项目学校，学校拥有一支富有经验的排球教练队伍，一套行之有效的“快乐排球”特色训练方法。多年来，校排球项目实施坚持普及加提高，以排球兴趣课、校园排球节等为载体，引导全体学生以球健身，以球益智，以球促德，建设排球文化，使学校的排球特色不断生长。

除此之外，学校还开设“快乐活动日”和“快乐 30 分课后拓展活动”，引导学生在体育运动、科技创新、艺术表演、社交活动、探究实践等方面逐渐形成自己的特长和爱好，在一定的范围内充分展示自己的才能。

第二节　基于童心的团体辅导

作为上海市首批心理健康教育示范校、浦东新区家庭心理健康指导分中心，育童小学通过三类课程实践，渗透心理健康教育；整合各类资源，深化心理健康教育。学校先后开展了系列心理健康教育课题研究，多次承办浦东新区心理健康咨询活动，努力践行“学生健康、和谐、人文发展”的理念，形成了“情智共生提升生命质量”的心理健康教育特色。开展基于童心的团体辅导是学校建设基于童心的课堂心理环境的重要拓展形式。

团体辅导的咨询形式是营造团体情境，提供发展性指导。由团体组建者组成小组，明确问题，经过团体互动，共同体验、引导、感悟、成长，学会新的技能，有心理上的发展。团体辅导通常由一名专业人员主持，通过数次团体活动，在情景中共同体验，促进儿童掌握认识自己、认识他人的技巧，培养良好的情绪管理能力，改善人际关系，建立良好的师生关系，促进人格健康成长。这些措施有助于打造“支持接纳”“公平公正”“自主合作”“守纪有序”的课堂心理环境，创设良性的师生互动。

一、提升儿童社会情绪智力

小学儿童正处于身心发展的初级阶段，目前教育中社会情绪智力教育的缺失，使小学儿童对自身情绪的辨识能力、调控能力、对他人情绪的理解能力降低。积极团体辅导是一种行之有效的行为矫正和重塑手段，对小学儿童采用积极团体心理辅导的方式发展其情绪智力，具有一定的实际可行性和推行优势。

点亮童心，健康人生，开展儿童社会情绪智力提升的团体辅导，旨为6至12岁有情绪困扰或希望提升情绪管理能力的儿童服务，通过活动提高他们的心理素质，促进其健康成长和全面发展，营造关爱儿童心理健康的良好氛围。团体辅导围绕情绪的辨识和表述、情绪的面对和处理、社交技巧、自信提升等四个主题展开。通过辅导，可以激发学生关注自我情绪、识别他人情绪的意识，帮助学生掌握调节情绪的方法和技术，提升情绪愉悦度和生活幸福感。专业人员需要结合儿童发展心理学理论，采用情境创设、角色扮演、艺术及游戏表达等团体辅导的方法为他们的心理状况进行观察及评估并提供正确面对不良情绪的处理方式，使得他们的情绪得到缓解和改善。

提升儿童社会情绪智力的团体辅导活动可以让学生们学会面对不良情绪时，使用科学正确的方式探索自己的情绪、调整情绪、理解情绪并放松情绪，学会对自身情绪和他人情绪的认识、协调、引导、互动和控制，培养儿童驾驭情绪的能力，面对学习和生活中引起的不良反应能进行自我负面情绪排解，及时缓解焦虑抑郁的心理状态。

案例7-4：围绕情绪的辨识和表述展开的“情绪棒棒糖”团体辅导

为了让学生能自如地表达情绪，老师设计了给自己的“情绪棒棒糖”涂色这一活动。专业老师在示范后，请学生回忆一下自己印象最深刻的或者最近发生的情绪事件，选择自己喜欢的颜色制作自己的“情绪棒棒糖”。

师：刚才大家看了老师的“情绪棒棒糖”，猜了猜不同颜色代表着我不同的情绪。现在也请你回忆一下让你印象最深刻的或者最近发生的情绪事件，选择自己喜欢的颜色制作自己的“情绪棒棒糖”吧。

（学生画完后交流）

生1：我这根红色棒棒糖，表示我很激动，因为我书法考级过关啦！

师：努力换来了成功，恭喜你哦！

生2：我用黑色棒棒糖，表达我很难过的心情，那天我和好朋友吵了一架。

师：如果你现在还有这样的困扰，等下我们一起来解决好吗？

生3：老师，我跟她不一样，我用黑色想表达我的高兴，黑色让我想到我家的小猫，一看到它就高兴。

师：这是你让自己的高兴的好办法，你无意中透露了我们等下要讨论的环节哦，其他好办法我们过会儿再交流。

生4：这根蓝色的棒棒糖，表达我很平静的心情，没发生什么特别的事情。

生5：我画的是七彩棒棒糖，表达了刚才发生的事情中我心情的变化。

师：这很神奇啊，我们很想知道这个故事。

生5：刚才下课，郭**在走廊里撞了我一下，我想他肯定是故意的，红色就是我当时生气的心情，我就推了他一下，说：“你干吗撞我！”没想到他狠狠地打了我一下，还说他不是故意的，我更生气了，我用黑色来表达我当时的愤怒。后来进教室上课，看到他只顾着和我说话不小心撞在门框上，心想“恶有恶报”就又高兴起来了。（全场哄堂大笑）

师：粉色的就是你转念一想后的高兴心情吧，这个让你高兴的办法我们在下一个环节可以好好交流一下。郭**，你想说什么吗？把你的“情绪棒棒糖”也跟大家分享一下吧。

生6：（一脸阴沉）我这根深褐色的棒棒糖就是刚才那件事，我明明不是故意撞他的，他还打我，我有些生气，也有些委屈。

师：看你的表情，你现在还有些生气，等下我们一起来解决你的情绪问题好吗？

生6：（点头）

……

学生自由选择自己喜欢的颜色，表达自己的某种情绪，在涂涂画画中，学生自然而然的和自己的情绪事件有了更深的联接，更多的体会和感悟，更方便他们去表达自己的情绪。通过这个活动学生不仅关注了自我情绪，也提升了识别他人情绪的能力。

小学中高年级的学生心理体验已较为丰富、复杂，但是他们的思维尚处于抽象思维高速发展的早期，单纯用文字或口语有时很难将其内心的真实想法完全表述清楚，心理画就是一种很好的弥补形式。学生不仅可使用线条、颜色、构图等元素，充分地表达自己的观点，而且，拿着自己的图画进行交流、互动时，可以有更多的线索提示能表达出更多的想法。这种表达性艺术团体辅导形式十分适合小学生的年龄特点和心理特点，为学生充分的自由表达起到良好的作用，营造了支持接纳的民主环境。

二、增强儿童团队合作意识

增强儿童的团队合作意识有助于建设基于童心的课堂心理环境，培养童心，呵护儿童的成长之美。该主题团体心理辅导活动的目的是提高儿童的合作意识以及与他人合作去解决问题的能力，例如，松鼠与大树、合力运气球和合力运气球终极版等活动。

简单列举一项增强儿童团队合作意识的团体辅导活动，例如，环保时装。准备材料：每个小组 50 张 A4 纸、20 张废旧报纸，每个小组透明胶带、双面胶带各一卷，每个小组剪刀各一把，每个小组彩笔一盒。步骤：(1)分发道具：将学员分成 5—10 人，然后发给每一组一套材料，要求 30 分钟内为一个组员设计一套漂亮的环保时装；(2)布置任务：要求每个小组选出一个人解释他们的环保时装的设计过程，比如创意等；(3)时装秀：每个小组为本组设计的时装设计环保时装秀解说词；(4)评选表彰：由大家选出最有创意的、最具有美学价值的、最简单实用的环保时装，胜出组可以获得一份礼物。

三、培养儿童突破思维定势

对儿童的思维进行训练，培养儿童突破思维定势和创新意识，有助于激发儿童的“好奇心、求知欲、创造力”。陶行知先生说过：“处处皆创造之地，天天是创造之时，人人是创造之人。”团体辅导活动可以通过一系列活动和思维训练，让学生明白打破思维定势的重要性，并且学会在平时打破思维定势，培养学生良好的思维品质，开发创造潜能，培养童心。

培养儿童突破思维定势团体辅导的活动可以采用讲授法、举例法、体验法、提问法等，进行准备脑力激荡、创造力训练和视频体验等。可以准备音乐、白纸、玻璃杯、绳子、PPT等，通过音乐的伴奏和语言的感染力，使学生进入学习状态。通过视频欣赏神奇的创造力，认识到思维定势的局限性，从而突破思维定势；通过“智闯雷阵”“盲人看书”“1+1=?”“请你用6、6、4、8这四个数字加上任意数学符号，使其结果等于24”“树上有10只鸟，打死一只，还剩下几只?”等活动，培养学生走出理性盲区、培养善于吸取经验教训、少走弯路的能力，善于利用工具与资源等能力等。团体辅导活动通过学生们积极参与的活动体验，有效提高其思维能力。突破思维定势，也让学生们领悟到思维的神奇，有效促进童心的培养。

第八章

童心教育的保障机制

育童小学从规划引领机制、全员导师机制、家校共育机制、基础保障机制“四阶梯”，整体推进童心教育实践，如图 8－1 所示。

第一节　规划引领机制

践行童心教育的理念是学校现在及未来各项规划的根本导向，也是学校践行和落实童心教育的思想引领。

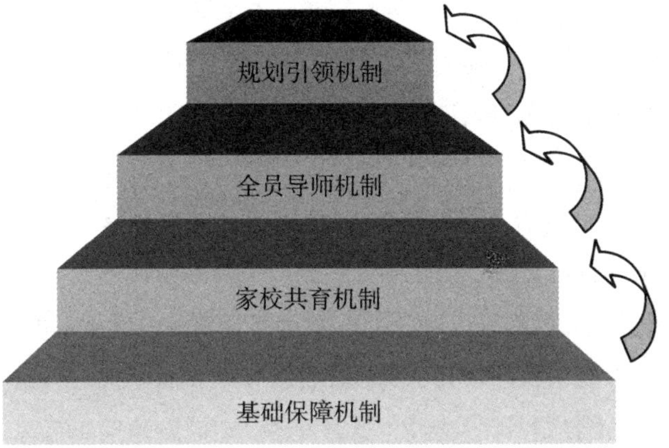

图 8-1 童心教育实践机制

童心教育是育童努力打造的特色，也是学校现在及未来各项规划的根本导向。学校以童心为本，以“心理育人”为抓手，遵循儿童生命发展的次序，尊重儿童的成长规律，引发儿童好奇心、促进儿童求知欲、发掘儿童创造力，营造儿童世界，让每一位儿童快乐学习、积极成长。所谓“心理育人”是以童心教育为特色的教育体系，不局限于心理教师个人的工作或者心理条线的工作，而是要发挥学校所有部门、所有教师的作用，全员参与心理健康教育；重视教育教学的各个环节，全过程融入心理健康教育；在学校整体教育体系建设以及家校共育中，全方位渗透心理健康教育。

在新五年(2021—2025)发展规划中，学校以“教育好每一位儿童”为办学理念，以“追随童心成长，培育生命力量”为办学目标，以培养“身心健康、基础宽厚、自主自立、特长初露”的学生为育人目标，努力办成一所质量稳定、发展和谐、特色鲜明的好学校。学校将结合新一轮发展规划，进一步明确童心教育的内涵，拓宽童心教育的内容，深化童心教育的组织方式，优化童心教育的实施策略，竭力保护童心，使生命焕发光彩。这为我校开展童心教育提供了坚实的制度保障。

第二节 全员导师机制

实施“学生人人有导师，教师人人是导师”的全员导师机制，是童心教育实施的核心措

施。学校将导师和学生进行结对，每位导师一般负责指导 5～8 位学生，不超过 15 位，既要做学生的“良师益友”，关心指导他们全面发展，疏解学业压力、增强成长信心，也成为家校沟通的桥梁，缓解家长养育焦虑，引导家长树立正确教育观。为有效落实“全员导师机制”，学校制定了“师心护童心，相伴‘童’成长”的导师制度。

（一）双向奔赴，共同选择。导师选择活动采用师生双向选择的模式，以“学生意愿和个性特长最优化”为师生匹配原则。全体导师在暑假中精心设计并制作了自己的导师名片，包含照片、电话、特长及导师的心里话。开学初，为了让每一位学生都能找到自己心仪的导师，导师们根据所任教班级及年级到各班做好自我介绍。而学生以心愿卡为载体，从“德、智、体、美、劳”五个方面设定具体目标，并根据自己设定的新学期小目标的实现条件，自主选择自己喜欢的或对自己有帮助的教师成为自己的童伴导师。导师根据学生的选择情况，一一匹配。

（二）幸福重组，童心同行。双向互选完成后，导师们利用午间、大课间及体锻课和学生第一次正式会面。根据学生的不同个性及需求，他们来到操场、图书室、明园互相交换“名片”。导师把自己精心设计的名片递到学生手中，学生把“心目中的导师”的肖像画递给导师，如同正式签约，他们许下了自己的承诺，留下合影，开启新学期的相伴相行。

（三）亦师亦友，相伴成长。启动仪式后，导师根据组内不同学生的实际情况和需求，采取个性化、亲情化的教育方法，及时帮助学生解决成长中遇到的困难和疑惑。主要采用两种方式：

1. 说说心里话。每个月导师根据当月发生的时事政治、特殊事件或典型事例，与受导学生开展一次集体谈心活动，大家畅所欲言，各抒己见，让导师及时了解学生思想动态及情绪动态。导师亦可利用午餐时间与学生一起共进午餐聊聊美食与生活，利用大课间时间与学生一起散散步畅谈学业与理想……在每一次的谈心中，倾听来自学生最真实的声音，并及时制定与调整受导学生的成长计划，引导学生身心健康发展。

2. 大手拉小手。学生的成长过程中，导师不仅是引导者，更是陪伴者。导师应主动拉起学生的小手，拉近教师与学生的距离，与学生一起做个有趣的游戏，一起来一场酣畅淋漓的运动，一起比个耶来张合影……在每一次的欢笑中，缓解学生的学业压力，促进学生间的团结合作，体现自身价值。

导师除了是学生的良师益友，还与家长多渠道互通互联，保持着紧密的联系，为家庭教育保驾护航。

（一）家访先行，互通心声。新学期开始前，导师会在年级组长的统一部署下，排摸学生情况，制定家访计划，重点关注家庭环境比较特殊的学生，同时会根据年级的特点有针对性地安排家访内容，推动家访工作落到实效。在家访过程中，导师与家长、学生围坐一起，面对面交流心声，彼此建立信任，在了解学生的同时，也能给予家长家庭教育的方法指导。

（二）微课保障，护航成长。随着学生的成长，家长在教育过程中难免会遇到新问题，新困境，为了及时缓解家长的养育焦虑，每个月学校会安排一位导师开设家庭教育指导微课程，并以微信公众号推广传播。微课程主题丰富，覆盖"入学准备、学习指导、道德培养、心理教育"等等，力求在学生发展的各个阶段，想家长所想，应家长之急，传递正确的教育观，协助家长以有效的方式满足孩子的成长需求，助力孩子健康成长。

（三）沟通频频，协同合作。学生的成长需要学校、家庭协同合作，因此家校之间紧密、频繁的联系是不可或缺的。家长在教育过程中遇到任何问题，都可以通过导师名片上的联系方式找到导师进行咨询，无论是电话交流，还是面对面对话，导师都会认真倾听家长需求，并耐心解答疑惑。此外，导师还会经常与学科教师进行交流沟通，及时了解受导学生的学习情况，在学科教师与受导学生家长联系时，导师还会做好家校沟通的"协调者"，统筹安排家校沟通的内容，使家校沟通和谐通畅。

（四）寄语反馈，情感交融。每学期末，每位导师会针对受导学生的成长情况进行阶段性小结，并撰写一段个性化的"成长寄语"送给孩子与家长。成长寄语是导师基于学生的个性特征、日常表现而撰写的发自内心的真诚赠言。寄语中亲切的称呼、多元的正向评价、积极的教育引导、激励的发展期待承载的是导师对学生朋友般、家人般的真切关怀，因为这份真诚，学生和家长会更信赖导师，信任学校，也更有利于家校进一步合作，共同肩负起教书育人的责任，实现教育效果最大化。

第三节　家校共育机制

积极构建学校、家庭、社会一体化的教育体系，是童心教育有效实施的重要支撑。家校共育强调的是学校和家庭应该共同肩负培养孩子责任的理念，鼓励学校与家庭之间建立积极的伙伴关系，以更好地支持学生的学习和成长。与传统的学校教育不同的是，该机制不仅仅作用在学习成绩方面，对学生的学业成绩、社交技能和综合素养都有积极影响，提高了学生在学校和社会中的表现。家庭是学生最早的学习环境，在培养学生的社交技能方面起着关键作用，学校的教育则侧重于学习成绩和知识的传授，而学校和家庭之间的密切合作通过家校共育机制，可以共同营造积极的学习氛围，这有助于培养学生的学习兴趣和自主学习能力，提升合作、沟通和解决问题的能力。它建立了学校和家庭之间的伙伴关系，确保了学生在教育过程中得到了全面的支持和指导。这对于建设更健康、更和谐的社会具有重要意义。

家校共育鼓励家长积极参与孩子的教育，包括参加家庭会议、家庭作业等，增强了学校和家庭之间的互动。在不断变化的教育环境中，家校共育有助于学校和家庭更好地应对新的教育方法和技术。通过共同关注学生的身心健康，家校共育可以提高学生的福祉，减少学业和社交压力。积极构建学校、家庭、社会一体化的教育体系，是童心教育有效实施的重要支撑。

家庭教育是基础，学校教育是儿童成长的土壤，自 2016 年 6 月，上海市浦东新区心理（家庭教育）分中心正式在育童小学挂牌；以“智慧父母训练营”为主题，邀请父母效能训练、家庭教育、儿童心理方面的专家为学校和区域内老师、家长做系列专题讲座和培训共 30 次；2018 年，学校被评为上海市家庭教育示范校；2018—2021 三年内，学校开展的区域内家长线上线下专题心理培训受益家长多达数千人。2021 年 5 月，学校申报了浦东新区家校社合作促进学校治理能力提升实验校项目《家校社合作促进小学“智慧父母训练”课程的建设与实施》，以此为契机，进一步发展学校家庭教育的指导和实践工作。

例如，学校向广大家长发起“赋能助成长，家长进课堂”志愿者活动，号召各行各业的学生家长走进学校，走进课堂，希望通过家长给孩子们授予一些特别的知识。故事分享、心理辅导、运动健将、安全教育、劳动楷模、科学探索等一节节别开生面且极具创造力的课程在学校展开。

父母是孩子的第一任老师，每个家长都有自己的专业，通过这样的方式可以让学生更了解父母的工作，了解更多书本以外的知识，拓宽视野，找到兴趣爱好，从而达到个性化教育的目的。各位学生家长们在收到家长志愿者进课堂活动后踊跃参与，根据各位家长的专业领域和空闲时间，安排了家长志愿者们进校上课，由各位家长自行准备教案，开创了独特的教学课程。

小周同学家长的计算机启蒙课程就很受学生们的欢迎。家长制作了精美的课件和有趣的小视频，在引人入胜的讲解中让同学们对计算机的认识更加深入。不仅如此，他还结合自己软件工程师的工作身份，教授学生电脑中关于安全方面的知识，学生在课上听得津津有味，也收获了很多书本以外的知识。

“孩子们都爱玩，玩其实就是他们对未知事物感兴趣，如果能把孩子们的兴趣和部分知识结合起来，我觉得对他们都是帮助，也许不久的将来在坐的会有几个孩子会和我成为同行，成为行业的翘楚也说不定。”孩子家长这么说道。

学生们的成长离不开家长、学校、社会的共同助力，家长们也通过家长微课的方式，意识到了学校和家庭是孩子教育的合伙人，体会到了老师的不易，感触良多，纷纷表示感恩学校的教育和老师们的付出，期待在未来家长们和学校一起，共同携手，用心、用情、用智慧来教育孩子。

来自各行各业的家长，为同学们带来了课本上没有的知识，拓宽了学生视野，提升了学生素养，促进了学生成长。让家长们更好地了解师生在校的精神状态，也加强了学校与家庭之间的沟通，为家庭教育和学校教育架起桥梁，形成了教育合力，助力每一个孩子更好地成长。

今后，家校共育将更加强调个性化学习，以培养更具创造力和适应力的学生。学校、家庭也需要更加紧密合作和共同努力，更合理地利用数字化教育工具，促进学校和家庭之间的信息共享和沟通，使家长更容易了解孩子的学习进展和需求，使学校根据每个学生的需求和兴趣定制教育计划，以促进他们的综合发展。教育理念和方法将会不断演进，以适应未来社会和经济的变化，而家校共育机制将会反映这些变化，为学生提供必要的技能和知识，并真正做到全方面发展。

第四节　基础保障机制

良好的软硬件基础是童心教育实施的保证和后盾。

育童小学创办于1999年9月，学校目前有28个教学班，在校学生近千人。建校以来，学校以深化课程改革为抓手，以教师专业成长为引领，以“追随童心成长，培育生命力量”为主线，以培养“身心健康、基础宽厚、自主自立、特长初露”的学生为目标，不断创新办学思路，规范办学行为。近年来，学校先后荣获上海市依法治校示范校、上海市行为规范示范校、上海市心理健康教育示范校、上海市家庭教育示范校、上海市人文关怀心理服务示范点、上海市安全文明校园、浦东新区文明单位、浦东新区一级党支部、浦东新区“两纲”教育示范基地、浦东新区家庭教育示范校、浦东新区体育传统项目学校、浦东新区科技教育特色学校等称号，社会美誉度不断提升。学校以“上海市中小学年度课程计划及其说明”为指南，以“五育并举”为准则，开齐开足各类课程，遵循儿童立场，关注终身发展，架构多元可选择的“童心”课程体系，激发学生求知欲、好奇心，培养学生创造力，实现学生快乐和谐发展。

学校具有良好的硬件基础，拥有多媒体教室、学生计算机房、图书室、音乐室、专用舞蹈房、美术室、心理咨询室等专用场所。校园网络畅通，桌椅黑板崭新，多媒体设备齐全完善。

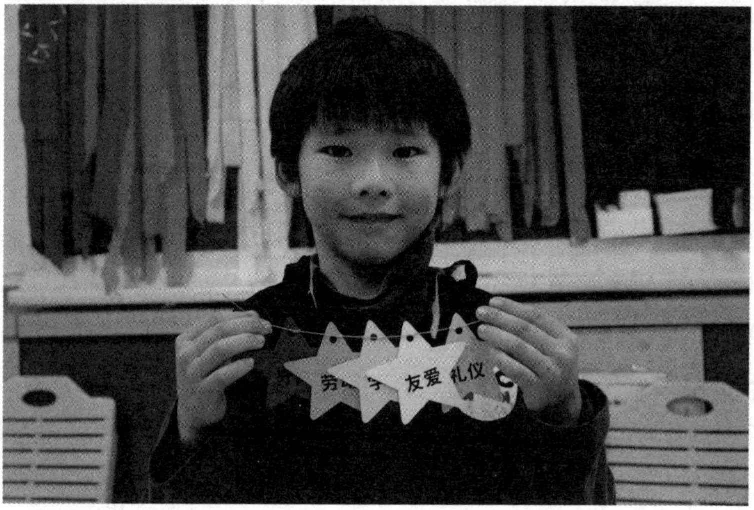

学校具有良好的师资基础，现有教职工 72 人，在编在岗教师 68 人，其中，中共党员 22 人，高级教师 4 人，新区学科带头人 2 人，区骨干教师 9 人，校级骨干教师 13 人。学校形成了以中青年骨干教师为主体，业务水平较高的师资队伍。学校注重用“愿景”引领教师丰盈精神世界、用“学习”引领教师积储文化内涵、用“激励”引领教师追求自主成长、用“研修”引领教师彰显学术文化、用“平台”引领教师展现教学魅力，关注新教师“人格”培养、一般教师“升格”培养和骨干教师“风格”培养三个梯队，“品行高雅、自主发展、愉悦创新”的教师文化已经形成。学校已加入“北蔡学区”和“二中心集团”，在区域化协同发展中不断前进。区域化合作项目“学校、家庭、社区合作促进学校治理结构完善”的实践研究，名师工作坊的成立，校际研修活动的开展，使教师在联合体的柔性流动项目中获得宝贵教育教学经验，增强自主发展内驱力。

第九章

童心教育的践行成效

本书秉承“童心为本”的教育理念，充分顺应和践行了当前义务教育阶段“双减”教育教学的新形势和新理念，旨在激发儿童的“好奇心、求知欲、创造力”，减少急功近利的“内卷化”教育导致儿童的“成人化”倾向。学校各项工作全力推进，全员全过程全方位践行童心教育。

第一节　落实童心教育的核心理念

学校充分落实了童心教育心理育人为本的根本任务，儿童的童心得到呵护，身心更加健康幸福，在当前我国义务教育阶段“双减”教育教学的进程中具有特别的推广价值。在践行童心教育理念四年后，2023 年 12 月，从学校随机选取 261 名学生（男生 133 名，女生 128 名；四年级 107 名，五年级 154 名），对童心教育的践行实效进行调查分析。

一、学生的童心素养得到提高

（一）儿童童心水平整体提升

首先，对小学生的童心水平的整体状况进行分析。由表 9-1 可知，童心及其三个维度的得分均高于 3.5 分（5 点评分）。具体而言，相较于践行童心教育理念之前，在践行童心教育理念后，学生童心素养的各项指标均得到了显著提升。

表 9-1　小学生童心水平的整体分析

变量	平均值	标准差	极小值	极大值
童心	3.87	0.52	2.13	5.00
好奇心	4.20	0.61	1.00	5.00
求知欲	3.65	0.89	1.00	5.00
创造力	3.77	0.57	1.46	5.00

从图 9-1 可以看出，在践行童心教育理念后，小学儿童的童心发展总体呈增长的发展趋势，尤其在五年级时的童心水平及好奇心、求知欲和创造力三个维度的得分增加更为明显。

童心教育理念的践行明显地激发了学生的好奇心、求知欲、创造力，使学生们在课堂中的表现也出现了积极的转变，例如，在体育课《实心球》单元教学中，执教老师通过评价单，促使学生互相支持接纳，学会公平公正、守纪有序，与同学自主合作。

（二）创造性人格呈现积极发展

从图 9-2 可以看出，除了四年级的情感充沛维度略有降低外，四年级和五年级的创造性人格及其三个维度得分均呈现明显增加的趋势。

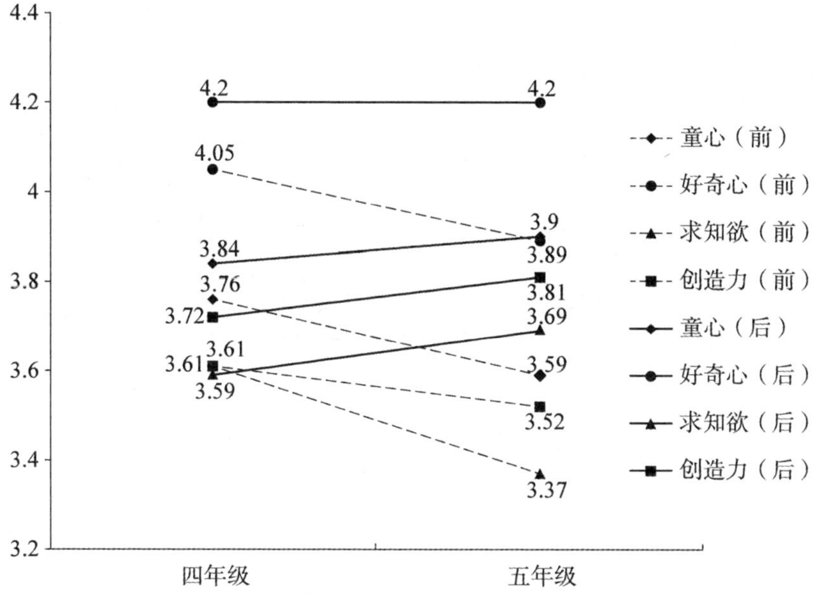

图 9－1　儿童童心的变化趋势

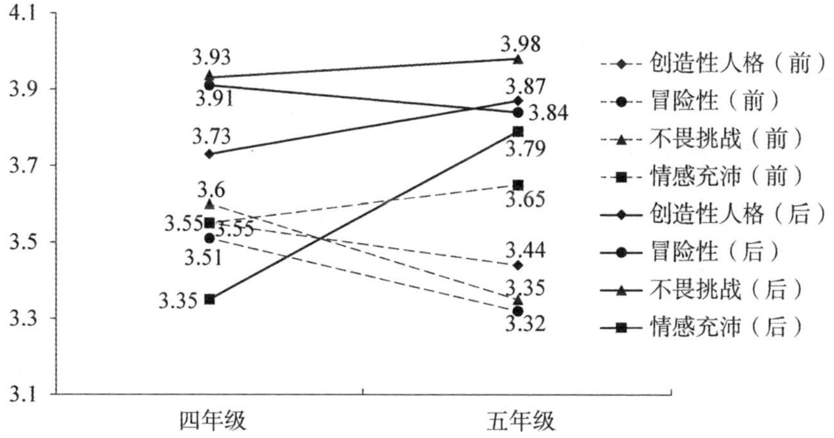

图 9－2　创造性人格的变化趋势

(三) 创造性思维呈现积极变化

从图 9－3 可以看出，除了思维流畅性维度略有降低外，四年级和五年级的创造性思维及其思维灵活维度、思维精致维度和思维独特维度的得分均呈现明显增加的趋势。

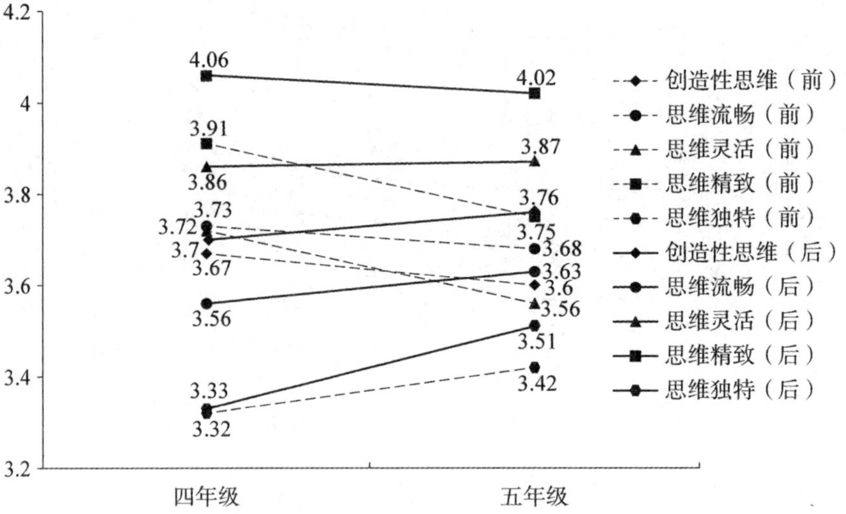

图 9-3　创造性思维的变化趋势

二、学生的学习认知积极转变

（一）学习认知的整体分析

为了了解在践行童心教育理念后，学生在学习认知层面的转变与发展，对学生的学习动机（激发、维持、引导学生进行有效学习的一种内在动力，能够推动学生在学校中实现其潜力，产生并维持相应的学习行为，5 点评分）、学习自信心（学生对自己能否成功完成学习任务所具备的能力的判断，5 点评分）、成长型思维（具备成长型思维模式的个体持有"能力增长观"，即认为智力具有可增长、可塑造、可调控的特性，是可以通过努力学习和训练不断提高的，并且会以一种更加积极、动态的视角看待困难和失败，不怕困难，反而将困难和挑战看作是提升自我的机会，5 点评分）和成长主动性（指在成长过程中，个体有意识地、积极主动地去提升和完善自己的倾向，6 点评分）进行分析。根据问卷答案的设置以及量表计分标准，各变量得分越高表明小学生在认知层面的发展水平越高。

由表 9-2 可知，学习动机、学习自信心和成长型思维的得分均高于 3 分，成长主动性的得分高于 4 分。童心教育的践行促使学生有了更强的学习动机、学习自信心和自我效能感，完成挑战性任务时更能够坚持下来；学生普遍持有“能力增长观”，认为可以通过努力学习不断提高，不怕困难；在成长过程中，会有意识地、积极主动地去提升和完善自己。

表 9－2　小学生认知层面的发展分析

变量	平均值	标准差	极小值	极大值
学习动机	3.34	0.53	1.14	4.86
学习自信心	3.64	0.72	1.00	5.00
成长型思维	3.36	0.56	1.00	4.75
成长主动性	4.82	0.96	1.00	6.00

（二）学习认知的发展趋势

从图 9－4 可以看出，小学儿童的学习自信心、成长型思维和成长主动性发展总体均呈增长的发展趋势，在小学五年级的得分均高于四年级时的得分。儿童的学习动机并无明显的变化。

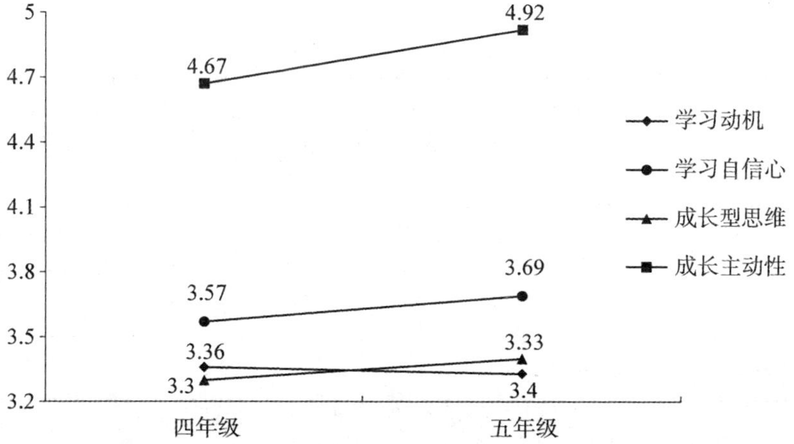

图 9－4　儿童认知层面的发展趋势

三、学生的在校幸福感积极提升

(一) 儿童在校幸福感的整体分析

为了了解在践行童心教育理念后,学生在在校幸福感方面的转变,对学生的自尊(个体对自我的整体性积极评价,较高的积极情绪和较低的消极情绪,是预测个体主观幸福感的重要指标,4点评分)、主观幸福感(个体依据自定的标准对其生活质量的整体的评价,5点评分)、心理幸福感(强调个体成长以及潜能的发挥,以及在自我实现过程中的完美体验,不仅仅是个体的情感体验,7点评分)和学校归属感(指学生在学校这个特定的环境中所感受到的被别人接纳、尊重、包容和支持的程度,是衡量学生在校学习与生活质量的重要评价指标,5点评分)进行分析。根据问卷答案的设置以及量表计分标准,各变量得分越高表明小学生的在校幸福感水平越高。

由表9-3可知,自尊的得分高于2.5分,主观幸福感和学校归属感的得分均高于3分,心理幸福感的得分高于4分。童心教育的践行使学生对自我的积极评价和对自己生活质量的评价都处于一个较高水平,对自己的个人成长以及在自我实现过程中的体验感觉良好,对在学校所感受到的被别人接纳、尊重、包容和支持的程度均处于良好水平。

表9-3　小学生在校幸福感的整体分析

变量	平均值	标准差	极小值	极大值
自尊	3.08	0.53	1.30	4.00
主观幸福感	4.33	1.02	1.00	5.00
心理幸福感	5.83	1.17	1.00	7.00
学校归属感	3.93	0.73	1.28	5.00

另外,我校家长在对学校教育情况的反馈和学校教育的信任度也处于较高水平。在本次调研中,向学生家长调查"把孩子送到学校,请您评估一下自己多大程度上信任学校?(7点评分)",结果显示,该项得分的平均分为6.46,标准差是0.72,表明学生家长对学校表现

了非常高的信任度，也认同家庭与学校之间的合作会对子女的成长与发展有积极的促进作用。

（二）在校幸福感的发展趋势

从图 9－5 可以看出，小学儿童的自尊、主观幸福感、心理幸福感和学校归属感总体均呈增长的发展趋势，在小学五年级的得分均高于四年级时的得分。

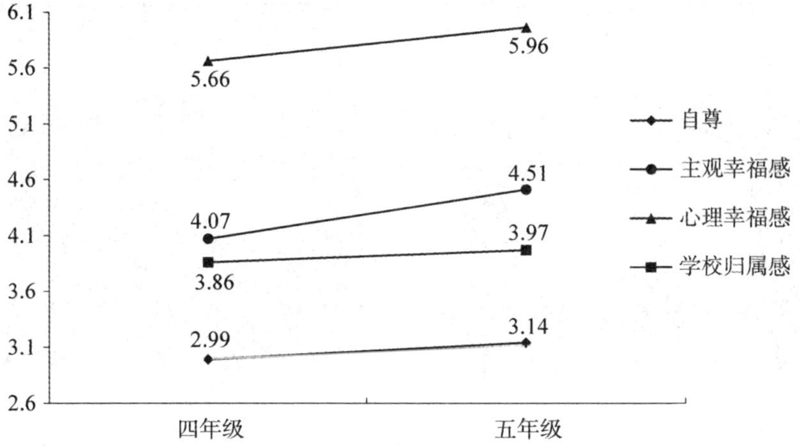

图 9－5　儿童在校幸福感的发展趋势

四、学生的个性与综合素质充分发展

我校学生在各级各类评选活动中充分发展个性与综合素质，获得诸多荣誉。例如，先后荣获 2020 年全国少儿古诗文朗诵评选活动二等奖；全国青少年科技模型网络系列竞赛活动一、二、三等奖；第四届和第五届上海市古诗文大会“桂冠少年”评选活动二等奖和一等奖；“中文自修杯”第六届、第七届上海市小学生“汉字小达人”市、区级活动一、二、三等奖；“童心绘梦新时代”2019 年红色印记“晨光杯”上海市青少年儿童绘画征集活动优秀奖；2020 年浦东新区阳光体育大联赛中小学排球技能比赛小学女子组一等奖和男子组一等奖等。

第二节　提升教师的教学专业技能

基于童心的校本童心课程建设有力，切实提升了教师的教学专业技能，促进了教师的专业发展。

一、教师的教学方式不断优化

童心教育促使教师在优化教学方式的道路上不断精进。例如，教师通过设计颇具思维价值、能够引发好奇的问题，引导学生进行探究式学习，使学生的探索精神和求知欲得到激发，自我参与、自我实践的积极性和潜伏的思维活力被充分调动；教师引导学生开展合作式学习，通过教师引导、学生互助、小组互评、集体交流等方式，在师生之间、学生之间建立纵横交错的信息渠道，激发学生的主观能动性和创造力。

二、教师的教学策略更加有效

基于童心的课堂心理环境的建设促使教师积极探寻有效的教学策略，各科教师根据童心教育的理念和童心课堂心理环境的建设策略，有针对性地实施更加有效的教学策略。例如，教师运用头脑风暴法组织教学，即学生围绕一个中心议题，畅所欲言，发表一个个观点，因教师不对观点作任何评价，学生在别人观点的基础上不断提出更加完善的观点，如此课堂呈现积极、活跃的气氛，学生的思考力也得到提高。

三、教学的评价方式更具激励性

基于童心的课堂心理环境的建设促使教师在教学中运用激励为主的评价方式。教学中教师都具有强烈的意识：要给学生建一个安全、接纳、友好的学习氛围，评价时要以激励为主，多使用“积分制”，少使用“减分制”。这样不仅可以减少学生的挫败感，更可以保护学生的求知欲和创造力。当学生回答错误时，先对其勇于挑战的态度给予肯定，再使用“锚”式教育，促使学生获得成就感。

四、教师教学比赛屡获大奖

童心教育的落实助力教师们在省市国家级教学比赛中屡获大奖。例如，荣获 2019 年上海市中小学生排球联赛优秀教练；第二十三届全国教师教育教学信息化交流活动上海赛区三等奖；第八届中小学心理健康教育活动课大赛上海市三等奖、浦东新区一等奖；浦东新区 2020 年度“新苗杯”教学评优比赛一等奖；2020 年浦东新区中小学见习教师基本功大赛二等奖；浦东新区 2020 年度教学设计比赛二等奖；第四届浦东新区青年教师爱岗敬业教学技能竞赛小学数理组三等奖等。

第三节　产生积极广泛的社会影响

童心教育得到了社会的肯定，产生了积极广泛的社会影响。

一、获得专题新闻报道

2020 年 11 月，“浦东德育”公众号等媒体以“校长谈德育——以积极课堂心理环境培育童心”为题对童心教育进行了专题报道。

2022 年 3 月，文汇报以“追随童心成长、培育生命力量：上海市浦东新区育童小学特色教育之路”为题对学校进行专题报道。

二、荣获市级和区级奖励

学校长期致力于“童心教育”的探索与实践，教学成果《童心教育：小学心理育人的校本实践》荣获上海市优秀教学成果二等奖；主持的课题《基于童心的课堂心理环境建设的研究》荣获浦东新区第十届教育科研成果一等奖；开展的童心教育调查报告《小学生的童心现状及其影响因素调查研究》荣获上海市中小学幼儿园运用调查研究方法优秀成果评选一等奖。

学校先后荣获上海市依法治校示范校、上海市行为规范示范校、上海市心理健康教育示范校、上海市家庭教育示范校、上海市人文关怀心理服务示范点、上海市安全文明校园、浦东新区文明单位、浦东新区一级党支部、浦东新区"两纲"教育示范基地、浦东新区家庭教育示范校、浦东新区体育传统项目学校、浦东新区科技教育特色学校等称号,社会美誉度不断提升。

第十章

童心教育的建设思考

第一，童心教育有效带动了学校整体育人模式的改革，为儿童的童心发展和个性成长提供了巨大的成长空间。然而，要实现真正的童心繁荣仅依靠课堂环境建设等等还远远不够，需要教师真正用心理解尚未充分成长的孩子，这对教师的专业发展提出了更高的要求。

第二，"三层四类"童心课程体系的建构需要在深度和广度上加以深化，系统思考学校"童心课程"的特征。可结合"童心课堂"的创建与实践，加强以"童心"内涵为主题的研训活动，建构课程化、系列化的校本培训，突出学生培养目标对课程建设的统领，强化课程与办学目标的关联度，进一步优化"童心课程"框架，加强课程之间的融合。

第三，基于童心的课堂心理环境建设的研究使学校初步形成了以生命教育为主旋律、以童心为切入点的课程图谱，但“童心课堂”的标准和特征还不够明显，操作性和检测性还有待完善，需要在深入实践、研究的基础上作深入的校本诠释。

第四，需要进一步通过践行《家庭教育促进法》，充分发挥学校家庭教育工作的特色优势，贯彻落实“双减”政策，五育并举，加强家庭、学校和社会三方的联动共育，呵护儿童童心，切实推行童心教育的各项举措，让教育回归本真，助力儿童身心健康。

学校教育改革是一个渐进的过程，践行童心教育理念也是一项庞大的工程。本成果系统的童心培育体系充分顺应和践行了当前我国义务教育阶段“双减”教育教学的新理念。经过探索与实践，学校童心教育体系的建构会继续立足现实，面向未来，在已经取得成果的基础上，找准差距和问题，深化童心教育的改革，为呵护学生童心、促进学生积极健康成长不懈奋斗。

第十一章

童心教育在课堂教学中的实践案例

案例一：实物教具引兴趣，激发儿童好奇心
——《项链》案例

案例背景：

《项链》是小学语文部编教材第一册第七单元里的一篇描写海边风光的儿童散文，选取沙滩、海浪、海螺和贝壳做形象的色彩描写，通过展现脚印、沙滩、大海的远景，生动地传达了儿童海边嬉戏的快乐。文章贴近儿童生活，让学生通过学文认识生字、积累词句、认识事物及朗读想象。

案例片段：

师：小朋友们，看！这是什么？

生：项链。

师：谁来当小老师带领大家拼读？

生：我来当小老师，请大家和我一起读“xiàng liàn 项链”。

师：前后鼻音分得真清楚，读得也很好听。项链是一种挂在胸前用来装饰自己的链条状首饰。瞧，项链由许多不同的材质组成。今天，老师脖子上戴的这根用珍珠串成的项链是什么项链啊？

生：珍珠项链。

师：今天我们就要来学习一篇新的课文，课文的名字就叫做——项链。（板书）

请大家和老师一起读课题“11. 项链”。

师：小朋友们，读了课题，谁来说说，你想知道什么？

生：课文中的项链是什么颜色的？

生：课文中的项链是用什么做的呢？

生：课文中的项链是谁戴呢？

生：……

师：小朋友们，生活中有许许多多不同种类的项链，那课文里的项链是什么样的呢？让我们带着问题赶紧去课文中找一找吧。请小朋友们先看看课文动画，边看边思考，文中出现了怎样的项链？

生：文中出现了彩色的项链和金色的项链。

师评：你听得特别认真，说得也特别清楚，送你一颗小星星，一闪一闪亮晶晶。

师：小朋友们，这两条项链的颜色好特别呀！这两条项链分别是谁的？用什么做成的呢？

让我们打开书本，再去找一找吧！

出示自读小要求：

① 读一读：标上自然段序号，借助拼音，读准字音，读通句子。

② 想一想：这两条项链分别是谁的？用什么做成的呢？

交流反馈：

1. 标自然段序号

师：小朋友们，课文有几个自然段呢？请大家用手势来告诉我。准备！出！

2. 读课文

师：现在，老师要请两位小朋友分别来读一读这两个自然段，其他小朋友当小评委，认真听，待会儿请你来评一评。

“朗读小达人”星级评价表

评价标准	星级
读正确	★
读响亮	★
读通顺	★

生评1:我给他打两颗星,因为他读正确、读通顺了,要是声音响亮点就更好了。

生评2:我给他打三颗星,因为他读正确了、读响亮了、也读通顺了。

3. 交流答案

师:现在,哪位小朋友来说说看,这两条项链分别是谁的?用什么做成的呢?

生1:彩色的项链是小娃娃的,是海螺和贝壳穿成的。

师评:你能通过文中的关键词语来回答问题,真棒,让我们为他点赞!

生2:金色的项链是大海的,是小娃娃快活的脚印穿成的。

师评:你不仅找到了文中的关键词语,还能联系上下文回答问题,让老师忍不住为你竖起大拇指呢!

教学反思

结合学校童心教育和童心课堂的理念,在设计教案时,我抓住了其中的一点,把如何激发学生的好奇心有意识地渗透和融入到本课教学中。

一、点燃学习课文的兴趣之火

一年级的孩子对很多事情充满好奇之心,需要激发孩子想知道、想了解、想探索的欲望。上课一开始,我先展示自己脖子上戴的珍珠项链,启发谈话,让孩子们感受美的同时,自然地引出课题,并引发学生对于课文中项链的好奇心,启发他们提问:课文中的项链是什么颜色的等问题,这种借助实物的导入和学生生活经验息息相关,能唤起学生的生活回忆,能很容易激发学生的好奇心,有利于学生主动提出问题,想要去了解文中的项链,在这过程中其实也锻炼了学生的思维能力。

二、带着问题探究,激发兴趣

在理解文章内容方面,我在引入课题后,让学生找一找:文中出现了怎样的项链?通过视频动画,学生能说出彩色的项链和金色的项链。于是我继续深入提问:这两条项链是谁的?用什么做成的?让学生带着问题初读课文,根据问题在文中找到关键词句,联系上下文,更深层次地了解项链的归属,初步培养学生的理解能力。

案例二：大胆想象扬个性，自悟表达促创造
——《宇宙的另一边》案例

案例背景：

《宇宙的另一边》是三年级下册第五单元的一篇课文。本单元是习作单元，单元主题是“大胆想象”，旨在鼓励、启发学生大胆想象，培养学生的想象力和创造性思维能力，激发学生的习作兴趣，使他们乐于表达。

案例片段：

片段一：

师：这是什么？（出示手指印）。

生：手指印。

师：每个人的手指印都是独一无二的，面对一个简单的手指印我们又有些什么神奇的创作呢？让我们尝试把这些手指印通过想象进行再创作。

生：我用大拇指印画成了身体，小拇指画成了头，加上几根头发就变成了一个人体简画。

生：我用两个手指印画成了一盆仙人掌。

……

我的想象我做主：

我的手指画	

(师出示学生多张指印画)

师:你们的想象力非常丰富,有的画成了花朵,有的想象成大象,还有的变成了小猫,我这里也有小朋友的作品设计,我们一起来欣赏。

师:这些作品,风趣幽默,小小的手指印却能有这么多的奇思妙想。

师:正如美国科学家爱因斯坦所说的(生读)"想象力比知识更重要"。

片段二:

(精读完第4—5节,在这两个自然段中发现宇宙的另一边季节特征相反、日出方位相反、生命状态相反的秘密)

师:关于宇宙的另一边,我们都想知道更多。请同学们像作者这样想象一下,在宇宙的另一边还会有哪些秘密呢?

学生交流:

1. 小组交流。

2. 全班交流,师生评议:谁的想象更奇妙?为什么?

生:宇宙的这一边我们是在地上走的,宇宙的另一边,他们是在空中飞的。

生:宇宙的这一边小鸟是在空中飞的,宇宙的另一边,小鸟是在地上走的。

生:……

课件出示:

很远很远的地方,宇宙的另一边,是这一边的倒影。

宇宙的这一边,雪是白色的;那么,宇宙的另一边,________________

宇宙的这一边,我是一个男孩,但宇宙的另一边,________________

宇宙的这一边,____________,但宇宙的另一边,________________

教师根据提示写句子,指名交流,相机引导:宇宙的另一边发生的事和这边相反,要反着想。

师:宇宙的另一边的世界怎么样?谁能用一个词语来概括?

生:神奇、有趣、好玩、精彩、自由……

师:是呀,那真是一个奇妙的天地!宇宙的另一边真的有这样一个奇妙的世界存在吗?我们谁都不知道。正是由于未知,才给了作者、给了我们无限的遐想空间。

教学反思

《宇宙的另一边》是一个充满童趣的故事,天马行空的想象,独特的体验,使整个故事充满感染力。教学中引导学生整体把握课文内容边读边思,感受大胆而奇特的想象,最后拓展思路,想象宇宙的另一边还有哪些秘密,互相交流,创编出更奇妙的想象世界。

一、巧妙导入,激发创新欲望

导入这一阶段教学的关键是激发学生的情感,让学生产生强烈的学习愿望。学生们正处于思维蓬勃发展的年纪,对于一切未知都有着强烈的好奇心。通过简单的手指印创作,他们就想起自己生活中的各种实例,尽管只是短短几分钟的课前热身活动,就发散了学生的思维,激发了学生的学习兴趣,为他们下一步的学习做好了铺垫。

二、探究学习,闪现思维灵感

在这堂课的教学设计中,我以"想象"为重点,动用多种教学手段,引导学生去探究"将生活和想象结合"的道理。通过第4—5节的学习,发现宇宙的另一边秘密,学生完全沉浸在作者想象的世界中,对课文内容也有了初步感受,更产生了自己的兴趣点或疑问。这为课堂的自由交流环节搭好了台阶,不仅让每位学生有了一次口述想象的机会,也基本解决了他们在听读过程中产生的一些疑问。引导学生在解决任务的过程中深入文本、领悟文本,抓住语言文字表达的精髓,充分发挥主观能动性,去放飞想象、完善表达、释疑解难,真正贯彻了"以学生为主体,以教师为主导"的教育思想。

三、张扬个性,自悟表达要求

阅读是作者和读者共同完成的一次审美体验,必然带有一定的个性化成分,存在学生间的个别差异,这种差异和个性化的东西是阅读教学的一种财富。在交流中,学生只要言之有理,言之有物,我都予以认可、鼓励,充分尊重他们的独特体验,并利用这种差异进一步推进教学,以促进学生阅读的深入,因而整堂课我预留了充足的时间给学生讨论交流,鼓励他们大胆地说、自由地说。在分享时,我一方面充分肯定学生个性化的语言或表达形式,充分尊重他们的每一个闪光点,并引导他们尽可能说得具体些;另一方面让其他学生认真倾听,并让他们自主评价,说出最欣赏的地方,既培养了学生的想象和创造能力,又训练了学生的表达能力。

案例三：巧妙设计引好奇，数学课堂趣无穷
——《周长》案例

案例背景：

《周长》是沪教版三年级第二学期第六单元《几何小实践》的起始课。周长的认识是在学生认识三角形、长方形、正方形等平面图形的基础上来学习，也为后面学习正方形、长方形的周长作基础。

案例片段：

片段一：

（放一段运动员进行曲）

（学生听得很投入）

师：今天老师想请你们来做一做小裁判！看谁是最佳小裁判，你们愿意吗？

生：愿意。（学生跃跃欲试）

师：这里有 3 条毛毛虫，它们比赛沿着树叶的边爬一周，我们一起来看一看，谁获得了冠军？（观看视频）比赛开始……

师：我宣布 1 号毛毛虫获得了冠军。

生：老师我不同意。（学生踊跃举手）

师：为什么？

生：因为它是在树叶里爬的。

师：你们观察得真仔细！老师宣布取消它的资格。

师：那 2 号毛毛虫是冠军吗？

生：它也不是冠军。因为它没有沿着边线爬一周。

师：对啊，他没有沿着树叶边线爬一周。那 3 号毛毛虫就是冠军！那 3 号毛毛虫是怎么爬的呢？让我们再来看一看。（播放动画）

（学生聚精会神地看着）

师：那什么是树叶的一周呢？

生：它从起点出发，沿着树叶的边线一圈，再回到起点，就是树叶的一周。

师:你可真棒！一周就是要沿着这个平面图形的边线,从一个起点出发再回到起点。今天这节课我们就要来学习周长。树叶一周的长度我们就可以说是树叶的周长。

片段二:

师:你们看,这就是我们刚刚在毛毛虫比赛中使用的倒计时表,那它的周长是什么呢?谁上来摸一摸并说一说。

生:(学生积极举手)从这个起点出发,沿着倒计时表的边线,绕一圈,再回到起点,就是它的周长。

师:你说得真具体!(不同的点出发)那从这一点出发,沿着它的边线绕一圈,再回到起点,是不是它的周长呢?

生:(学生异口同声)是。

师:那谁能用一句话来概括一下。

生:倒计时表一周的长度就是它的周长。

师:这个倒计时表是圆形的,所以谁能来说说什么是圆的周长?

生:圆一周的长度就是它的周长。

师:你们看,这是3号毛毛虫获得第一名的奖品——它是一本书。我们每个人也有一本数学书,你能和同桌互相说一说,摸一摸这本数学书封面的周长吗?

(反馈)

生:数学书封面一周的长度就是它的周长。(边示范边说)

师:你们可真棒！数学书封面其实是我们认识的长方形,谁能说一说,什么是长方形的周长?

生:长方形四条边的长度和就是它的周长。

片段三:

师:获得冠军的毛毛虫想将它的奖状裱起来,给它做个框,这求的是它的?

生:(信心满满)周长。

师:那在框里面镶一块玻璃,求的又是?

生:面积。

教学反思

《周长》是比较抽象较难理解的概念，通过设计毛毛虫比赛的情景引入，成功地激发了学生的兴趣，驱动了它们学习的欲望，毛毛虫比赛的设计对于孩子的好奇心起到了驱动的作用。通过毛毛虫比赛的动画，让学生直观理解一周的概念，为认识周长作铺垫。课中我设计了摸一摸，说一说等活动，让学生不仅仅是观看者，更是参与者，让他们提升了学习兴趣。新课程标准指出："让学生全程参与知识的建构。"这更利于学生对知识的理解，尤其是对概念的理解。

本节课我设计了认识周长的两个层次，认识边线再到认识周长，从抽象到表象，只有对概念有了表象化的理解，才能真正认识周长，也不会与之前的面积概念所混淆。因此，从倒计时表引申到圆，再到数学书封面引申到长方形，从具体的物到已学的平面图形有一个良好的建构。从各个环节设计中，也让学生体会到：数学来源于生活，也应用于生活。最后结尾的设计更是首尾呼应，让学生用已学的知识解决实际问题，直接反馈对于周长与面积的理解。

打造童趣课堂，不仅仅需要情境的创设，也离不开课堂设计的环环相扣与巧妙构思，让学生在掌握数学知识的同时，更要提升数学课堂的美感以及内容的设计，让学生体验数学之美，从而使课堂更有效，同时也充满童趣，激发孩子们好奇的天性！

案例四：创设情境促童思，有效追问葆童心
——《除法的应用》案例

案例背景：

《除法的应用》是小学沪教版三年级第一学期第四单元的内容。学生在二年级第一学期时已经学习了《有余数的除法》，在本学期中又学习了两、三位数除以一位数。本课内容着眼于利用所掌握的知识去解决生活中实际的除法问题。重难点在于让学生会根据实际问题，对计算结果合理运用“进一法”或“去尾法”，并能表达解决问题时的思考过程。同时课本设计的活动内容与学生的生活联系密切，也为学生提供了思考与合作交流的空间。

案例片段：

一、情景引入

师：小朋友，你们知道这是哪里吗？（出示图片）上海海昌海洋公园，今天你们想跟着小胖他们一起进园玩一玩吗？但是进园就要先拿到门票，你们有信心吗？

口算：30÷7　59÷6

　　　69÷8　41÷5

　　　22÷9　68÷7

师：恭喜大家拿到了门票，我们可以跟着小胖进园了。进园前，小胖的老师告诉他们在今天玩耍的过程中分别藏着两枚知识勋章，你们愿意帮他们一起找吗？

【设计意图】

在引入环节我设计了“游玩海昌公园”导入，创设学生熟悉的场景，成功地将孩子们爱玩的童心吸引住，再通过对“有余数的除法”的复习赢取门票和寻找知识勋章，勾起孩子们想赢的好胜心，激发他们学习的热情。

二、自主探究

1. 体验余数“加 1”的应用

师：他们首先来到了海洋部落，观看海豚表演。如果小胖他们班共有 45 人，每 4 人坐一张长椅，至少需要安排几张长椅？

师：(1) 理解题意。

(2) 拟订方案。

(3) 执行方案。

(4) 回顾。

生：45÷4=11(张)……1(人)(板书)

师：算式中的11表示什么？1呢？

师：问题说“至少需要安排几张长椅”，可是现在有余数了，你们认为应该是多少呢？

师：小朋友有的认为需要11张，有的认为需要12张，到底是11张还是12张呢？

问：为什么剩下的1人也需要一张长椅呢？

师：在这道题中关键词是哪个？“至少”表示什么意思？(表示45个人，每人都要有座位)

出示课题：除法的应用

师：这就是我们生活中经常会碰到的数学问题，今天我们这节课就来探究生活中的“除法的应用”。那我们该怎么用算式来把我们的想法表示清楚呢？

(同桌讨论)

反馈：

45÷4=11(张)……1(人)

11+1=12(张)　答：至少需要12张长椅。

问：加法算式中的加1表示？两个1表示的意思一样吗？两个“1”分别表示什么？

小结：这里我们要注意，11后面加的是长椅的数量，而不是余数。

追问：如果有46个小朋友呢，至少需要几张长椅？

师：谁来列算式？

小胖说：不对，应该用11+2，你们说呢？

继续追问：有47个小朋友呢，至少需要几张长椅？

(互相说算式)

问：从这3道题中，你有什么发现？(余数只要比4小，都只要多加一张长椅就行了。)

师：只要是45人，46人，47人，一直到48人都至少需要12张长椅，所以这里的“至少”是指在每个小朋友都有座位的前提下，长椅的数量要最少。

小练习：

(1) 小胖在游玩的过程中拍了113张照片，相册里每9张照片放一页，至少需要多少页？

(2) 1 张图画纸可以制作 8 张卡片，要想制作 211 张卡片，至少需要多少张图画纸？

师：你们真棒！恭喜你们帮助小胖他们得到了第一枚知识勋章！

小结：在解决生活中的实际问题时，在有余数时，要考虑实际情况，在算出商的基础上还要“加 1”。

【设计意图】

这部分的设计以“海昌公园观看海豚表演，坐长椅”引入，挖掘生活中素材，创设学生感兴趣的场景和例题，勾起孩子们爱看热闹的“童心”，自主探究体验余数“加 1”的应用，从“45 人，4 人一张长椅，至少需要多少张长椅？”再追问“46 人”“47 人”，让学生深刻体验到余数“加 1”的应用，同时挖掘生活中“游玩拍照”“制作卡片”的素材，进一步巩固学生所学内容，加深学生理解。

2. 体验余数“去尾”的应用

师：生活中类似这样的数学问题有很多，那是不是生活中碰到这样的问题，都要加 1 呢？我们继续跟着小胖他们去海洋公园寻找知识勋章吧！

师：小胖他们班路过火山漂流，非常想去坐，但是有些小朋友没带雨具，于是班长用 82 元班费买了 8 元一件的一次性雨衣，他们班最多可以买多少件？

师：刚才一题的关键词是“至少”，那这一题呢？

师：谁来列式解答？

生：82÷8＝10(件)……2(元)(板书)

出示两种答案，让学生选：

① 82÷8＝10(件)……2(元)　10＋1＝11(件)　答：他们班最多可以买 11 件。

② 82÷8＝10(件)……2(元)　答：他们班最多可以买 10 件。

分析讨论：

学生讲解，同伴质疑，最终明晰：最后剩下 2 元，不够再买 1 件雨衣，所以，在这里不“加 1”。

师：那这里的“最多”表示什么意思？

小练习：小胖带了 123 元买 8 元 1 瓶的饮料，他最多可以买到几瓶呢？

师：恭喜你们帮助小胖他们得到了第二枚知识勋章。

小结：在解决生活中的实际问题时，当有余数时，有时需要加 1，而有时却不能，要根据实际情况而定。

【设计意图】

体验余数“去尾”的应用，仍是围绕“游玩海昌公园火山漂流，买一次性雨衣”展开，买东西的场景学生再熟悉不过，提供学生选择是否需要“加 1”的选项，充分给予学生自主探究的空间，利用已有知识和生活经验判断能够轻易得出结论。再利用生活中“买饮料”“做窗帘”的素材再次感受余数“去尾”的应用。

教学反思

爱玩是每个孩子的天性，怎样将余数的“加 1”和“去尾”穿插入整堂课的内容中一直是我思考的方向；同时从孩子的“童心”出发，怎样让本节课有趣而不枯燥，也是我一直在思考的问题。《数学课程标准》中指出：“数学教学要紧密联系学生的生活实际，从学生的生活经验和已有的知识出发，创设生动有趣的情境。”为此，数学教学必须从学生熟悉的生活情境和感兴趣的事物出发，将生活中的数学问题引进课堂。

一、创设情境，勾住“童心”

“在这个数字主宰的时代，无法进行数字思维的人既不能做出明智的决定，也不能充分参与公民生活。”生活是数学的源泉，因此，在整节课的设计中，我创设了“游玩海昌公园”这条主线，成功勾住学生爱玩的“童心”，同时利用学生熟悉的场景，更能激发学生的学习热情。引入阶段，从复习“有余数的除法”“赢取海昌公园门票”，把数学教学情境化，提高学生参与性，激发学生学习兴趣，构建一个生活化的“童心”课堂；再到“观看海豚表演”等学生熟悉的场景入手，体验余数“加 1”的应用；再到“玩火山漂流，买一次性雨衣”等生活例子，体验余数“去尾”的应用，均从学生已有的知识和生活经验出发，挖掘生活中的除法应用问题。以孩子较喜欢的场景着眼入手，从“童心”的角度选取数学素材，更容易让孩子理解和接受，让原本的数学问题变得有趣、生动。

二、有效追问，深入“童心”

本节课的重难点在于学生在解决时需要根据实际情况进行判断是否“加 1”或“去尾”。“坐长椅问题”时，我设计了“45 人，4 人一张长椅，至少需要几张?”在讲解例题时，不断追问“算式中的两个 1 表示的意义相同吗？分别表示什么?”还有对于算式中单位的理解，也是一个难点，因此需要不断追问单位的添加和理解，都需要学生在认真审题理解题意的基础上进行，同时还通过追问“46 人”“47 人”“需要多少张长椅?”来巩固学生今天所学内容是关于有余数的除法的应用问题。在体验余数“去尾”的例题中，我也设计了追问，让学生互相合作讨论，说明理由，区分两种情况的区别，不是一味地“加 1”，而需要根据实际生活情况而定。通过场景的不断转换和老师的不断有效追问，从简单的问题，深入“童心”，让学生对例题有一个透彻的理解。

如何抓住课堂上孩子的“童心”，离不开教师对课堂情境的创设，把学生的数学学习与日常生活紧密联系起来，充分挖掘身边的生活素材，让学生感受到数学与生活是如此的贴近，体会出学习数学是为实际生活服务的，鼓励学生善于发现生活中的数学问题。

案例五：巧设问题引好奇，同伴协作促创造
——3B M3U1 Shapes Period 1 教学案例

案例背景：

三年级作为承上启下的小学中年级，其目标相比低年级明显不同。课标也指出，由于学生在年龄、性格、认知等方面存在差异，教师在教学设计时应关注这些差异，并通过活动引导学生学习。如何将课标要求与学校课题有机结合，让学生通过课堂学习切实掌握、得到提升呢？3BM3U1 Period 1 的教学设计与思考给我带来了一些新的启发。

案例片段：

片段一：导入阶段——循序渐进，递进补充

Activity 1　Learn the sound.（活动 1　音素的学习） **Activity 2　Lead in.（活动 2　导入）** 2－1. Observe the picture and answer.（观察图片并回答） 2－2. Try to guess.（猜一猜） Where are they? What are they doing?	**分析：**导入阶段的活动设计旨在通过观察引导学生关注并引入课时主题。但在实际的教学过程中发现这样的设计与主题的关系还不够紧密，铺垫不够到位，部分学生对于形状的意思理解不够清楚，学生的兴趣有限，其思维能力及语言表达能力也因此受到了限制。

改进：

Activity 1　Warming up.（活动 1　热身活动）

1－1. Learn the sound.（音素的学习）

1－2. Enjoy a song.（歌曲欣赏）

Activity 2　Elicitation.（活动 2　导入）

2－1. To learn：shape(s).（新授词汇：shape(s)）

2－2. Ask and answer.（问答）

Where can we see shapes?

Can we see shapes in our classroom?

Can you show me the shapes?

So, we can see shapes everywhere.

2 - 3. Elicit the story.(故事的导入)

Where can they see shapes?

思路:通过音素的学习及与主题相关的动画歌曲的欣赏,创设情境,让学生直观感知课时主题;联系视频内容,通过问答对形状的定义进行归纳,在激发兴趣的同时,感悟生活中形状的点点滴滴,进而初步感受其无处不在;问题引发的悬念恰到好处地引入了新授,回归故事的学习。

导入阶段的活动设计都是以问题为导向的,循序渐进地引导学生积极思考,充分激发其参与的热情,学生的好奇心自然而然地被引发了;而你一言我一语、递进补充式的协作让学生都有话可说,能充分挖掘其语言表达方面的创造力。

片段二:巩固阶段——步步登高,头脑风暴

Activity 1　Enjoy the whole story.(故事欣赏) **Activity 2　Read and judge.(阅读并判断)** **Activity 3　Try to say.(说一说)** The ... (shape) is like a ... (what) I have a ... (what) It's ... (how) I like it. Do you like it?	**分析:**巩固阶段的活动旨在通过三部曲的形式,由扶到放,让学生进行语用输出。 在实际的教学过程中,发现这样的设计可能是缺少了一些铺垫,部分学生由于基础薄弱,即使有老师或是同学的帮助仍难以进行表达,无法语用输出。

改进:

Activity 1　Enjoy the whole story.(活动 1　故事欣赏)

Activity 2　Ask and answer.(活动 2　问答)

What shape does Little Rabbit like? She likes ...

What does she say? She says "I like ... I have ... "

How about Little Cat? What does she like?

...

Activity 3　Brain storm.（活动 3　头脑风暴）

What is a . . . (shape) like?

A . . . (shape) is like a . . . (what)

Activity 4　Try to say.（活动 4　说一说）

A . . . (shape) is like a . . . (what)

(It has . . . sides/angles.)

Look! I have a . . . (what)

It's . . . (how)

I like it.

思路：通过故事的再次欣赏及问答引导学生回顾所学内容；头脑风暴的形式充分激发学生的参与热情，突破重点、难点问题；再通过说一说的形式进一步检测学生的掌握程度，语用输出。

巩固阶段的活动也是以问题为导向的，一步一登高的形式帮助学生切实回顾了所学知识，在不知不觉中学生投入了学习，其兴趣及好奇心也自然而然地被引发了。而集思广益的头脑风暴让平时不善于表达的学生在愉悦的氛围中不自觉地思考、参与，充分挖掘了其语言表达方面的创造力。

教学反思

通过本次教学与实践，我认为小学中年级英语课堂教学中进行基于童心的课堂心理环境建设可以从以下两个方面入手：

一、循序渐进，问题引导，引发儿童好奇心

从以上修改后教学片段不难看出，整个活动的铺垫就如同润物细无声的春雨一样，学生在教师循序渐进的问题的引导下，在潜移默化中积极思考，在培养其思维能力的同时，学生的兴趣和好奇心也自然而然地被引发了。可以说，问题引导的形式有助于创建良好的学习氛围，激发学生的好奇心，让课堂教学事半功倍。因此，我认为，问题引导的形式是基于童心的课堂心理环境建设的重要的一部分。

二、头脑风暴，同伴协作，发掘儿童创造力

从以上修改后的教学片段也不难看出，不论是你一言我一语的补充式协作，还是集思广益式的头脑风暴，学生的思维碰撞使得那些不太善于表达的学生也能够有自我表达的意愿，充分发掘了自身语言表达方面的创造力。可以说，同伴协作的形式有助于突破重点、难点，充分挖掘学生语言表达方面的创造力。因此，我认为，同伴协作的形式也是基于童心的课堂心理环境建设的重要的一部分。

在今后的教学中，我将继续探索、实践基于童心的课堂心理环境建设，让学生在课堂学习中得到真正的提升。

案例六:故事教学促互动,自主合作促童趣
——《M4U3 In the park》案例

案例背景:

牛津英语1AM4U3的教学主题是——在公园里。要求学生能学会使用一些常见的颜色,如red, green, blue以及yellow等;能使用What colour is it? 来询问物体的颜色,并能用It's... 进行合理回答;此外,通过本单元的学习,鼓励学生能学会观察大自然,发现生活中的色彩,学会欣赏自然之美。

一年级的学生对英语学习兴趣浓厚,课堂参与性高。在英语学习中,他们擅长进行角色模仿,喜欢卡通的、富有情节的故事学习。因此,第一课时采取Colours in the park的故事教学;基于教材内容创编故事,通过故事整合教学内容来激发学生学习的好奇心、求知欲和创造力;在故事中突破教学难点,学习颜色类词汇,掌握其音、形、义;同时能复习并运用I'm... I can... I like... 等句型进行自我描述,尤其能表述自己喜欢的颜色;通过营造"愉悦、和谐、安全、公平"的课堂心理环境,让学生体验成功的喜悦,学生从"要我学"转变为"我要学",加深对主题意义的理解,从而习得语言知识,运用语言技术,发展语言能力。

案例片段:

片段一:教学互动　语言叠加——建立师生间友好的学习氛围

T: What's this?

S1: It's a pencil.

T: What's that?

S2: It's a flower.

T: Is this a monkey?

Ss: Yes. It's a monkey.

T: Is that a duck?

Ss: No. It's a chick.

...

通过互动式的问答形式:集体提问、个别回答、集体呼应,课堂氛围一下子就活了起来,

孩子们的参与热情也一下子被调动了起来。学生注意力集中，这样就很好地复习了两个重点句型 What's this/that? — It's a/an ... 和 Is this/that ... ? — Yes/No. It's a/an ... 也为故事的展开起了很好的铺垫作用。其次，通过问答复习整合之前所学的词汇，师生互动，既缓解了课堂的紧张气氛，也为之后新内容的操练提供了语言素材。

片段二：人物鲜明　情节生动——巧妙激发小学生的学习兴趣

T: Where is he? (无人应答)

T: In the classroom? (引导提问)

Ss: No!

T: In the restaurant? (唤起思考)

S1: No. In the park.

T: Yes. He's in the park. But he's not happy. He needs a friend.

Ss: Friend, friend, friend. Go, go, go! (找朋友游戏)

...

一年级学生活泼、好动，喜欢新鲜而有趣的事物，尤其喜欢听故事与肢体表演。根据一年级学生的英语语言知识结构和年龄特征，我决定把学习内容融到一个故事"Bob and his friends"中，通过可爱又熟悉的卡通人物 Bob 在公园里找朋友这样一条线索展开新内容的学习与操练。我想，故事情节不仅能提升一年级学生对各种颜色的认识和理解，更主要的是，能提高他们的学习兴趣，增强其学习效果。在人物的构思上，选择了孩子们平时所熟悉的卡通人物：小黄人 Bob(黄色)、愤怒的小鸟 Jack(红色)、豌豆射手 Cici(绿色)和机器猫 Doraemon(蓝色)，不仅从颜色上有所区分，利用学生熟悉的信息激活学生记忆中现有的相应模块，通过卡通人物各自独特的声音吸引学生的注意力。

片段三：从教到扶　从扶到放——鼓励学生开展自主合作学习

1. 感知：熟悉故事主人公 Bob，感知角色介绍，体验角色话语；

Bob: Good morning. I'm Bob. I'm yellow. I can read. I like yellow flowers. Yellow is nice. Ha-ha!

2. 听读：带出故事的第二个角色 Jack，采用对话的结构形式，结合新单词与旧句型，让学生听读故事，建立初步的整体印象；

Jack: Hello, Bob. I'm Jack. I'm red. I can sing. I like red apples. Red is nice.

Bob: You are red. I'm yellow. You are not my friend.

3. 巩固:伴随故事的继续发生,出现第三个角色 Cici,借助文本架构的一致,强化对话内容的雷同,巩固角色话语;

Cici: Hi, Bob. I'm Cici. I'm green. I can dance. I like green trees. Green is nice.

Bob: You are green. I'm yellow. You are not my friend.

4. 学说:借助师生间的互动引出第四个角色 Doraemon,让学生与故事角色亲密接触,通过同桌结对练习学说角色话语;

Doraemon: Nice to see you, Bob. I'm Doraemon. I'm blue. I can draw. I like blue kites. Blue is nice.

Bob: You are blue. I'm yellow. You are not my friend.

5. 仿说:谁想成为 Bob 的好朋友,模仿着例文说一说,体验角色话语,获取学习的成功与快乐。

T: Do you want to be Bob's friend?

Ss: Yes.

T: Can you introduce yourself?

I'm...(名字)

I can...(能力)

I like...(颜色)

I like...(有颜色的物品)

(颜色)... is nice.

对于一年级的学生来说,要结合自身情况输出一段五句话的小语篇具有一定难度。为了帮助学生搭好脚手架,我采取分解学习目标,从带领学生学习到放手让学生自主学习,学生随着故事的发生、发展不断巩固重点句型:I'm... I can... I like...,并在其中不断融入新词汇:yellow, red, green 和 blue,以旧带新,学生在愉快的情境中主动学习,学生的语言知识犹如滚雪球越滚越大,学生不仅掌握了有关色彩的新词汇,尤其能通过旧句型表述自己喜欢的颜色。

教学反思

1. 基于学生特征开展故事教学,在教学互动中建构语言知识

心理学研究认为,兴趣是儿童最好的老师,是产生学习行为内部动机的强大动力。

而兴趣又是“故事教学”的核心，一个故事，就是一个完整的语篇，有生动的情节、丰富的情感，同时也蕴含着一定的语言知识。故事不仅能吸引学生进入学习情境，也符合学生以形象思维为主的心理特点和学生学习语言的认知特点。学生在一个“自然、真实、完整”的情境中学习“完整的语言”，将能交际和意义理解作为语言学习的重点，然后从语篇中提取有用的信息和知识，并由此建构意义。学生在感知语篇意义的过程中，建立起外语的语感。教师可以采用录音、录像或口述等方式，通过语言、音乐、图画等视觉与听觉的多方位输入，使学生对整个故事有一个大致的、生动的了解。在感知的过程中，教师要引导学生思考，并激发学生去想象，让学生根据已有的知识经验和先前的准备工作，边听边猜测，从而主动建构语言知识。

2. 基于组织特征创编故事内容，在合作学习中激发学习兴趣

基于童心的英语课堂，应激发和培养学生学习英语的兴趣，使学生树立自信心，养成良好的学习习惯和形成有效的学习策略，发展自主学习的能力和合作精神。从班级课堂教学角度考虑，我认为低年级故事的编写要注意以下几点：(1)利用教材内容创编故事，通过故事整合教学内容；(2)围绕重点难点创编故事，在故事中突破教学难点；(3)结合生活常识创编故事，加以童话色彩让故事更有吸引力。而低年级故事创编要涉及如下要素：(1)要有鲜明的人物；(2)展开生动的情节；(3)关注语言的叠加；(4)让教学活动充满乐趣，寓教于乐。故事教学在一定程度上提高了学生学习英语的兴趣，这是因为它符合了孩子的心理特点，有利于充分调动和保护学生的学习兴趣，热情和积极性，也能体现英语学习的工具性和交际性等特点，还可以挖掘学生学习潜能，培养他们的合作精神，参与意识和语言能力。因此，只要用好故事，就一定能激发低年级学生的英语学习兴趣。

案例七：多元情景激求知，绘画表达促创造
——《“派大星”的牙蛀了》案例

案例背景：

《“派大星”的牙蛀了》是上教版美术教材第一册中“让牙齿更健康”单元中的第一课，旨在表现牙疼时的夸张表情及口腔中牙细菌的活动场景。通过表演、对比、观察、思考等方式，让学生自主探寻、发现牙痛时的五官变化，使用夸张的绘画方法，创作牙疼时的夸张表情及口腔中牙细菌的活动场景，让学生能体会保持口腔卫生重要性，激发用绘画形式表现真情实感的愿望和想象的快乐。

案例片段：

师：小朋友们，我们来看看视频中的派大星怎么了？

生：他看上去很痛苦的样子，他的牙蛀了，看着好疼啊！

师：小朋友们观察得很仔细，想知道派大星为什么会蛀牙吗？让我们一起聆听他的内心独白吧！

（派大星内心独白：小朋友们！你们好！我是派大星，我平时喜欢吃甜食，我不爱刷牙。有一天，我发现自己的嘴巴里长了好多蚜虫，它们爬呀爬，慢慢地把我的牙齿全部啃光了！我好疼呀～我再也不能吃美味的食物了。）

师：王老师要请一位小朋友来模仿派大星痛苦的表情，请仔细看五官的变化。

生：我来模仿。

师：大家看，他的眉毛都皱起来了，眼睛眯成了一条线，嘴巴张得特别大！再请一位小朋友来感受下派大星的心情。

生：我来模仿。

师：大家看，她的眉毛也皱起来了，眼睛一只半睁着，一只全闭着，看着也很痛苦！现在王老师要把痛苦的表情画出来，先画出脸型和发型，再画出夸张的大嘴巴和五官，现在我们来看看画面完整了吗？

生：没有！

师：还缺什么呢？

生：嘴巴里的蚜虫！

师：你们观察得很仔细，这些蚜虫怎么画呢？让我们来看看它们“工作”时的场景吧！

（蚜虫独白：哈哈！小朋友们！你们好呀！我们是人人讨厌的牙细菌，我们喜欢在臭气熏天的口腔里生活，洁白的牙齿是我们最爱，当我们感到饥饿时，蚜虫大王会带上我们啃食你们的牙齿。）

师：看了这段视频，小朋友们对蚜虫有了一定的了解，现在我请一位小朋友在未完成的作品上添加蚜虫活动场景吧！

教学反思

思维能力的发展在美术核心素养的培养中起着至关重要的作用，小学一年级是儿童思维发展的重要“启蒙期”，也是激发学生创造力和求知欲的“萌芽期”。在一年级上教版美术《牙蛀了》这一课中，我尝试创设多元思维情境，来探索学生对造型的感知和创意表现。通过观看视频，聆听派大星的内心独白，直观感受蛀牙的痛苦并了解蛀牙的原因，激发学生对本课教学的好奇心。在有故事的情景创设下，一年级学生能在假想的情景中不受真实生活中的条件限制，自由幻想自己就是蛀牙的“派大星”，他们通过模仿派大星痛苦的表情，感受五官的夸张变化，为解决本课的重难点埋下伏笔。一年级的学生以形象思维为主，他们往往通过视觉符号传递自己的主观情感，用艺术形式直观表现内心世界。通过观看蚜虫的“工作”情景，了解蚜虫的形象，主观能动地画出蚜虫的活动场景，丰富画面。

创设多元思维情境，培养一年级学生的思维能力，让形象思维在故事情境中发生，将对激发学生创造力的培养和美术表达能力的提升起到事半功倍的效果。选择贴近一年级学生熟知的卡通人物故事并加以美术语言的渗透，则会给基于“童心”的课堂心理环境建设增添童趣。

案例八：润物有声葆童真，欢快节奏育童心
——《哦，十分钟》案例

案例背景：

《哦，十分钟》是上教版《音乐》三年级第二学期第三单元的内容。这是一首欢快活泼的儿童歌曲，通过学习，让学生感受歌曲欢快、活泼的情绪，表现歌曲所要表达的“朝气蓬勃”“欢乐愉悦”的纯真童年生活。同时，促使学生能够采用体验、合作学习的方法，在听、唱、奏、创编等多种音乐实践活动中，能用明亮、富有弹性的声音初步唱会歌曲《哦，十分钟》，能够表现歌曲所表达的“朝气蓬勃”“欢乐愉悦”的幸福童年生活的歌曲主题。

案例片段：

师：小朋友你们喜欢课间十分钟吗？大家下课都做哪些好玩的游戏？

1. 感受音乐旋律

(1) 师：同学们我们一起在音乐中玩游戏，先请大家听一听这段游戏音乐，想一想这是一首几拍子的音乐，为什么(强弱律动)？

(2) 学生思考 2/4 拍强弱规律

(3) 请同学跟着教师的示范进行练习

(4) 学生跟着音乐一起用强弱拍手

2. 用游戏学习教学难点。

师：刚才我们玩了 2/4 拍律动游戏，那老师也加入你们的游戏，下面我们一起做的游戏名字叫“我的耳朵最灵”，同学们听一听现在播放的是下面第几条旋律？

(1) 断连对比的乐句

55 34|5　0|55 34|5　0|　注意演唱中休止符的作用

55 34|5　0|55 34|5　—|　注意演唱中两拍的气息控制

55 344|5　1|55 34|5　0|　注意演唱中没有休止符和带有休止符的唱法

学生辨别出之后分别学唱(提醒：唱歌状态、轻声高位)

(2) 连贯的气息和音高的位置对比的乐句(因为这两句的结构一样，学生容易混淆，音可能会唱不准)

A　6 —|4　6|5　5|5 —|

B　4 —|2　4|3　3|3 —|

学生辨别出之后分别学唱(提醒:唱歌状态、轻声高位)

(3) 最后一句节奏较难,学生跟着老师的示范唱音频,用学生模仿的方式比比谁的耳朵灵。

师:下面老师换种方式来考考你们耳朵,听听老师是怎样唱的。请同学想一想区别并且模仿。

3. 揭示课题《哦,十分钟》

师:刚才老师和小朋友们一起玩了课间的游戏,现在老师就请大家一起,学唱一首课间的歌,名字叫《哦,十分钟》

4. 学歌谱

(1) 学唱歌谱

师:就让我们带着欢快的情绪来学唱这首歌曲吧,先来看看这首歌曲的歌谱。

同学们轻声跟着慢速音频哼唱歌谱(提醒:唱歌状态,轻声高位)

5. 学歌词

(1) 欣赏歌曲

思考:歌曲中唱出了我们小朋友课间都在干什么?

(2) 再次欣赏歌曲

思考:在演唱过程中所表现的情绪是否完全一样呢?根据歌曲的情绪你觉得歌曲可以分为几部分?

学生加入歌词完整学唱(提醒:唱歌状态,轻声高位,投入感情;教师伴奏)

教学反思

这是一首欢快活泼的儿童歌曲,2/4 拍,大调式。歌曲旋律轻松、愉快,节奏轻盈、跳跃,生动地刻画了一群活泼可爱、富有朝气的当今少年儿童的形象。歌曲的歌词清新、朗朗上口,贴近学生的生活,歌曲以轻快而带有一些调皮的口吻演唱,唱出了少年儿童对冲破束缚、放飞心灵的渴望。

在教学设计过程中,我考虑到三年级的学生已经具备些许音乐基础知识,有些有音乐特长的学生可以试唱较为简单、容易上口的旋律。但是,我还是以让学生在多次欣赏过程中熟悉歌曲旋律和感受歌曲情绪的手段为主。这样不仅让能力强的学生更好学唱歌曲，也让普通的学生开心愉悦地学唱歌曲。

在组织教学中我设计了简单的律动，能让学生更为放松，以便学生更好地学唱歌曲。表演唱的环节让学生肢体模仿歌曲中的不同形象，能更好激发学生们对歌曲兴趣，也使学生充分发挥想象力。

案例九：多彩情绪适表达，舒缓情绪护童心
——《做情绪的主人》案例

案例背景：

小学高年级学生经历了更为复杂、矛盾的情绪体验，有较为丰富的情绪表达方式和初步情绪调控意识，也开始掌握一些简单的情绪调适方法。因此，在教学中要激发学生在生活中主动关注自我情绪、识别他人情绪的意识。借助情境理解情绪的层级，为拓展情绪调节方法、提升情绪调节的灵活度奠定基础。创设情景，让学生切实体验帮助、原谅、欣赏等积极行为在提升情绪愉悦度和生活幸福感方面的作用。

而我校部分高年级学生表现出较冲动强烈的情绪状态，常常让自己陷入苦恼和麻烦中，甚至有些易激惹的同学还会伤害自己和他人。因此，我根据《小学生心理健康自主手册（三～五年级）》专题三《我想生活更快乐》中的《情绪侦察机》，设计了这一衍生课。让学生通过游戏，学会从他人的表情、语气和肢体语言中识别各种情绪；学会适当表达情绪，了解极度情绪对身心健康的危害；分享并学习调节情绪的方法，初步运用在实际生活中，做自己情绪的主人。

案例片段：

片段一：

师：刚才大家猜了猜老师的“情绪蛋糕”不同颜色代表着我不同的情绪。现在也请你回忆一下让你印象最深刻的或者最近发生的情绪事件，选择自己喜欢的颜色制作自己的“情绪蛋糕”吧。（学生画完后交流）

生1：我这块红色蛋糕，表示我很激动，因为我钢琴考级过关啦！

师：努力换来了成功，恭喜你哦！

生2：我用黑色画蛋糕，表达我很难过的心情，那天我和好朋友吵了一架。

师：如果你现在还有这样的困扰，等下我们一起来解决好吗？

生3：老师，我跟她不一样，我用黑色想表达我的高兴，黑色让我想到巧克力，我一吃巧克力就高兴。

师：这是你让自己的高兴的好办法，你无意中透露了我们等下要讨论的环节哦，其他好

办法我们过会再交流。

生4：这块蓝色的蛋糕，表达我很平静的心情，没发生什么特别的事情。

生5：我画的是彩虹蛋糕，表达了刚才发生的事情中我心情的变化。

师：这很神奇啊，我们很想知道这个故事。

生5：刚才下课，王**在厕所里撞了我一下，我想他肯定是故意的，这块蛋糕上的红色就是我当时生气的心情，我就推了他一下，说："你干吗撞我！"没想到他狠狠地打了我一下，还说他又不是故意的，我更生气了，我用黑色来表达我当时的愤怒。后来进教室上课，我又想：还好他打的不是我英俊的脸，就又高兴起来了。（全场哄堂大笑）

师：这块粉色的就是你转念一想后的高兴心情吧，这个让你高兴的办法我们在下一个环节可以好好交流一下。王**，你想说什么吗？把你的"情绪蛋糕"也跟大家分享一下吧！

生6：（一脸阴沉）我这块深褐色的蛋糕就是刚才那件事，我明明不是故意撞他的，他还打我，我有些生气，也有些委屈。

师：看你的表情，你现在还有些生气，等下我们一起来解决你的情绪问题好吗？

生6：（点头）

……

片段二：

师：刚才交流时，有同学表达了自己的情绪事件，如果你现在心里有生气、难过、委屈等情绪，请上台来，拿着这个充满气的气球，这个气球里的就是你现在心里满满的负面情绪，在听到同学们通过课前收集、当场调查家长、老师以及自己调节情绪的好方法时，就适当放掉气球里的气，直到放空为止。（两位学生手持气球，其他学生交流调节情绪的办法）

生1：我调查的是我的爸爸，他情绪不好就去跑步，出一身汗，心情就好了。

师：据科学家研究，运动能让大脑产生多巴胺，多巴胺是一种能让大脑产生愉悦感觉的物质，所以，同学们，多运动能让我们快乐哦！其实做家务也一样，同学们也可以尝试用这种方法，而且家里更整洁也会让我们有好心情的。

生2：我调查的老师说，她心情不好就去购物和大吃一顿。

师：这的确能减压，但同学们你们知道吃什么更有效果吗？刚才那位同学说了他吃巧克力，除此之外，还有什么食物也会让我们高兴呢？

生3：香蕉！

师：对了，吃甜食跟运动一样，也会让大脑产生多巴胺这种让我们高兴的物质，因此，人们又称香蕉为“快乐水果”，但甜食不能多吃哦，吃完后还要记得漱口。

生 4：我喜欢看书，一看书就忘了烦恼。

师：这个方法跟老师一样，来，我们握个手！

生 5：我妈妈喜欢唱歌听音乐。

生 6：我喜欢跳舞。

生 7：我喜欢画画。

师：是啊，用这类艺术方式来表达情绪、释放情绪、调节情绪真的很有效。像刚才 ** 同学说到了他转念一想，也就是换个角度想问题，也是很棒的方法。

……

教学反思

一、“情绪蛋糕”展示了童心的自由表达

进入小学中高年级后，小学生的心理体验更为丰富、复杂，但是他们的思维尚处于具体形象思维为主转向抽象思维为主的、抽象思维高速发展的早期，单纯用文字或口语有时很难将其内心的真实想法完全表述清楚，特别是对不善不喜口头表达的学生而言，心理画就是一种很好的弥补形式。这种表达性艺术辅导形式十分适合小学生的年龄特点和心理特点。因此，让学生表达情绪时，我设计了给自己的“情绪蛋糕”涂色这一环节，让学生自由选择自己喜欢的颜色，表达自己的某种情绪，在涂涂画画中，学生自然而然地和自己的情绪事件有了更深的联结，更多的体会和感悟，更方便他们去表达自己的情绪。

二、“头脑风暴”展现了童心的自信活力

头脑风暴是很多人在一定时间内进行没有限制的自由联想和讨论，借助他人力量，获取更多更好的信息，最后从这些讨论中挑选有利信息的一种集思广益激发创意的方法。为了提高效率，我提前让学生课前收集亲友和自己平时生活中调节情绪的好办法。所有同学在最短的时间内都有了大量意想不到的收获。头脑风暴让每一个同学都能有效开阔思路，激发灵感，使同学们更加自信，还使大家更加有责任心，因为人们一般都乐意对自己的主张承担责任。这样的方法极易操作执行，具有很强的实用价值，非常具体地体现了集思广益、团队合作的智慧。而良好的沟通氛围，还有利于增加团队凝聚力,增强团队精神,能够更快更高效解决问题。

三、"情绪气球"展望了童心的愉悦幸福

学校心理辅导活动课的形式首先要有利于学生真情实感的激发,其次要与辅导内容相适应,最重要的是要与该学段学生的能力发展水平相适应。让学生在具体情境的体验、引导和感悟中,自然内化科学态度和健康知识,达到培养健康心理的目的。因此,我借助"情绪气球"来象征学生内心的负面情绪。

这节课,同学们不仅收获了许多调节情绪的方法,培养了健康的心理,而且这两位同学还当场做了心理辅导,调节好了自己的情绪。他们在情景中,去体验、感悟,内化了知识。希望并相信同学们通过这节课,能体验到更多的幸福快乐!

案例十：线上线下相融合，实现童心 1+1＞2
——《垂直》案例

案例背景：

《垂直》是沪教版四年级第二学期第四单元几何小实践的第一课。四年级学生年龄较小，空间观不强，对垂直的概念理解不透彻。因此，在上这节课之前，我在晓黑板应用软件中设置了讨论区，请小朋友们在线上进行提问：想了解关于垂直的哪些问题？线上线下教学相融合，助力童心课童。

案例片段：

师：小朋友们，在这节课上课之前，顾老师在晓黑板开了一个讨论区，请同学们说一说你们想了解关于垂直的哪些知识，大家都在线上踊跃发言，我们一起来看。

（多媒体出示黑板截图）

生：大家都提了好多问题。

师：在解决这些问题之前，先提请大家拿出白纸，画两条相交的直线。

（生动手操作）

师：同学们都画了好多，顾老师选择了其中的 6 幅，我们一起观察一下，这 6 幅画中的两条直线有什么共同点？

生：两条直线都是相交的，相交的两条直线都有一个交点。

师：观察得真仔细，那你能为它们分分类吗？

生：可以分成两类，一类是相交成直角，一类是相交成钝角和锐角。

师：数学是一门严谨的学科，这两条直线真的相交成直角吗？我们如何来验证呢？

生：可以用三角尺，先看三角尺的一条直角边与一条直角边对齐，看另一条直线是否与三角尺的另一条直角边重合。

师：说得真好！谁来验证一下？（生到黑板上验证）

生：我发现这两幅图中的两条直线确实相交成直角。

师：我们发现当两条直线相交成直角时，我们就可以说，这两条直线互相垂直。（揭题：垂直）

师：其实，通过刚才的活动已经解决了课前小朋友们提出的第一个问题，真厉害！

师：那么，你能结合书本上的内容来谈谈对问题 2 和问题 3 的看法吗？

（生小组讨论）

生反馈：我来说！我对什么是垂线很感兴趣，我还特地做了 PPT 呢！请看大屏幕，直线 e 和直线 f 相交成直角，所以直线 e 和直线 f 互相垂直，我们就可以说直线 e 是直线 f 的垂线，还可以说直线 f 是直线 e 的垂线。

生反馈：我也来说！这样的红线和蓝线互相垂直，它们的交点就是垂足；这两条直线也互相垂直，它们的垂足在这里。小伙伴们，你们听明白了吗？（生操作 PPT）

师：两位小朋友真厉害，对垂线和垂足的概念理解得很透彻，真棒！

教学反思

《垂直》这一节课属于概念模型的课程，如何刻画概念本质成了本节课的难点。因此，在课前通过设置讨论区的形式，激发学生对本节知识的好奇心，什么是垂直呢？学生带着问题进入今天的学习。然后，在本节课开始先让学生在白纸上画一画两条相交的直线，同时选取学生的不同作品作为学习素材，利用生成性的资源直接贴在黑板上进行分类，孩子们在这样的课堂中学习增加了亲切感，激发了学生的学习兴趣，有更强的主动探究的意识。学生自己的作品，自己来探究、分类、解决，寻找隐藏的新知识，这样的课堂是充满童趣的，学生在这样的深度学习中是快乐的。这样，学生在由点到面的探索中，自主地发现理解“当两条直线相交成直角时，这两条直线互相垂直”。垂直概念自然而然显现了。

同时，在线上提问时，有能力的同学对问题已经有了探究的想法。他们利用闲暇时间，做了小微课，到课上来讲给其他同学听。对于有能力的同学，线上疑问并制作 PPT，线下与同学们分享，挖掘了学生的创造力，也使课堂更加生动，充满童心。

通过线上线下的融合教学，学生先提问，再动手操作，在动中学、学中思，这样的数学课堂是丰富多彩的，充分发挥学生的主体地位，激发学生的好奇心、求知欲，在课堂中挖掘学生的创造力，实现童心 1＋1＞2。

参考文献

[1] 吴增强.学习心理辅导[M].上海:上海教育出版社,2011.

[2] 董奇,林崇德.中国儿童青少年心理发育特征调查项目技术报告[R].北京:科学出版社,2011.

[3] 靳玉乐,胡志金.论课堂心理环境的特征及其建设[J].教育改革,1998(4):4—7.

[4] 刘雅,朱慧芳.高职课堂心理环境的现状调查及分析[J].中国高新区,2018(4):56—57.

[5] 陶沙,周宗奎.学校积极心理环境对儿童青少年心理发展的影响[C].中国心理学学会发展专业委员会第十三届学术年会摘要集,2015.

[6] 李新,雷青明.教学心理环境对小学生学习活动的影响及其优化策略[J].教学与管理,2016(14):1—3.

[7] 陶西平.童心教育的魅力[J].中小学管理,2019(1):60.

[8] 丰子恺.活着本来单纯[M].南京:江苏凤凰文艺出版社,2016.

[9] 谢景霞.童心课堂建设的思考和实践[J].教育观察,2016(20):17—20.

[10] 宋继东.童心教育的理论与实践[J].基础教育参考,2011(13):4—19.

[11] 宋继东.童心教育:为教育的真正意义而来[J].人民教育,2015(14):25—26.

[12] 张军强,白静.李贽童心说的思想内涵及其启蒙意义[N].长江大学学报(社会科学版),2018(6):112—114.

[13] 陶阳.小学生创造性潜能测评工具的开发[D].华东师范大学,2019.

[14] 方来坛,时勘,张风华.中文版学习投入量表的信效度研究[J].中国临床心理学杂志,2008(6):618—620.

[15] 张光伟.初中生人格特质、教师期望与学业求助行为的关系研究[D].四川师范大学,2009.

[16] 刘桂荣.自主支持和因果定向对创造力的影响[D].山东师范大学,2010.

[17] 郑意颖.课堂公平对学习投入的影响:一个链式中介模型[D].上海师范大学,2019.

[18] 王妍.小学生学业情绪的问卷编制与现状研究[D].上海师范大学,2009.

[19] 江光荣. 中小学班级环境：结构与测量[J]. 心理科学，2004(4)：839—843.

[20] 程敏慧. 基于儿童学习机制的童心课堂情境创设[J]. 中学课程辅导(教师教育)，2019(7)：74.

[21] 杨晗，李悦. 谈统编版小学语文体验式课堂教学案例设计——以《竹节人》为例[J]. 读写算，2021(29)：200—201.

[22] 张金龙. 点、线、面三位一体的立体教研新模式[J]. 体育教学，2018(1)：47—48.

[23] 袁巧嫦."点—线—面"式校本教研活动的探索与实践[J]. 新课程，2011(5)：115.

[24] 何立群. 体验式团体活动在高校心理健康教育中的运用[J]. 西南交通大学学报(社会科学版)，2009(6)：125—127.

[25] 马艳云. 小学高年级学生积极心理品质培养研究[J]. 中国特殊教育，2010(11)：24—28.

[26] 王茜. 积极心理学取向的学校团体心理活动规划的实践与思考[J]. 中小学心理健康教育，2010(4)：20—22.

[27] [美]黛安娜·帕帕拉，等. 发展心理学：从生命早期到青春期[M]. 李西营，等，译. 北京：人民邮电出版社，2013.

[28] 高榆. 丰子恺"童心说"的教育意蕴[D]. 湖南师范大学，2009.